지구를 지키는 트래쉬버스터즈

지구를 살리는
착한 플라스틱

지구를 지키는  트래쉬버스터즈

지구를 살리는
착한 플라스틱

김영주 글·서정선 그림
트래쉬버스터즈 기획

썬더키즈
thunder kids

 **작가의 말**

 더운 여름, 길을 걷는데 너무 더워서 시원한 음료를 사려고 근처 카페에 들어갔어요. 주문 차례를 기다리는 동안 지루함을 달래려 휴대폰으로 이것저것 기사를 살펴보았죠. 그때, '인류가 사용하고 버린 첫 번째 칫솔이 아직도 분해되지 않았다'는 글이 눈에 확 들어왔어요. 플라스틱 쓰레기 문제가 심각하다는 소리는 많이 들었지만 그처럼 와닿은 적은 없었어요. 심각해져 글을 읽고 있는데 어느덧 제가 주문할 차례가 되었어요.

"머그 컵에 드릴까요?"

"아니요. 금방 나가야 해요. 일회용 컵으로……."

 약속 시간이 정해져 있어서 어쩔 수 없이 플라스틱 일회용 컵을 들고 카페를 나왔어요. 마시면서 걸으니 입안은 시원했지만 마음이 찜찜했어요. 이런 경험, 저만 있었던 것은 아니지요? 그 뒤로 텀블러를 들고 다니려 노력했지만 자주 까먹기도 하고, 불편하기도 했어요. 그럴 때마다 환경 보호는 생각보다 힘들고 어려운 일이구나 싶었답니다.

하지만 이런 저의 생각을 날려 준 사람들이 나타났어요. 바로 일회용품이 필요한 곳에 다회용기를 제공하는 '트래쉬버스터즈'랍니다! 그들은 즐겁게 지구를 지킬 수 있는 방법을 연구하고 실천하는 사람들이었어요. 트래쉬버스터즈의 도움으로 이미 많은 사람이 일회용품을 사용하지 말아야겠다는 무거운 결심 대신 다회용품을 사용했다는 작은 뿌듯함을 느끼며 환경 보호를 실천하고 있더라고요. 물론 이 글을 쓰고 있는 저도 다회용 플라스틱 잔에 차가운 음료를 담아 마시면서 '난 오늘도 지구를 지켰어!'라고 생각하며 뿌듯해하고 있고요!

편리한 찜찜함을 버리고 즐거운 뿌듯함을 얻은 사람들의 소소한 행복을 여러분에게도 전하고 싶어 이 책을 썼어요. 쓰레기를 줄이고 지구를 지키는 건 정말 사소한 일로부터 시작되거든요. 내가 마신 음료수 병을 헹궈서 라벨을 제거한 후 버리고, 외출할 때 텀블러와 에코 백을 들고 나가는 작은 일도 쓰레기로부터 지구를 지키는 행동이 된답니다.

이제 우리도 함께 시작해 봐요! 신나게 지구를 지키는 트래쉬버스터즈 출동!

김영주

 **차례**

작가의 말 ...4

1장
뮤직 페스티벌에 가고 싶어요 ...9

일회용품 이야기 ...25
- 가볍게 쓰고 무겁게 책임지게 되는 일회용품
- 시작은 지구를 살리던 플라스틱
- 함부로 버려진 플라스틱 일회용품, 그 끝은?

2장
관객 잘못이 아니야 ...29

세계는 지금 플라스틱 쓰레기와의 전쟁 중 ...52
- 팬데믹으로 폭발한 플라스틱 일회용품
- 부끄러운 1등. 개인만의 책임일까?
- 방법을 찾는 나라들
- 포기하지 않는 사람들

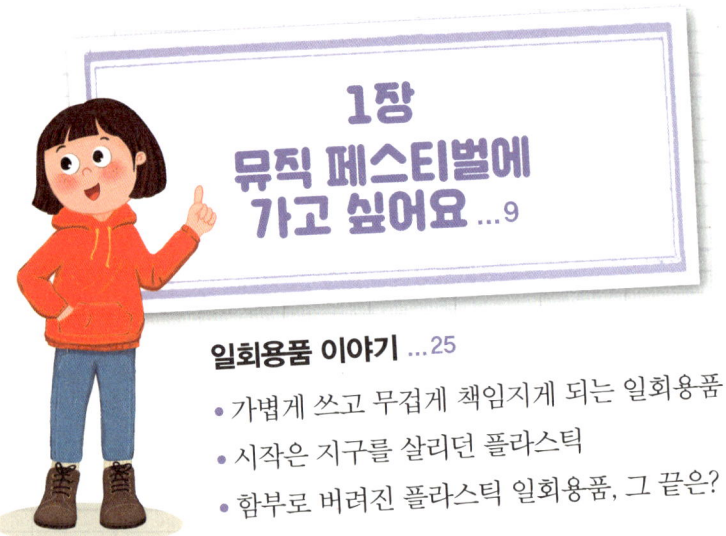

3장
출동! 트래쉬버스터즈! ...61

플라스틱으로 플라스틱을 잡는 트래쉬버스터즈 ...90
- '트래쉬버스터즈'가 뭐야?
- 출동! 트래쉬버스터즈!
- 다회용 용기, 지저분하지 않냐고?
- 트래쉬버스터즈의 자원 순환 이야기
- 다회용 문화 만들기

4장
즐겁게 교실을 구하는 스쿨버스터즈 ...95

우리가 플라스틱 영웅 ...117
- 다시, 착한 플라스틱
- 우리가 할 수 있는 쓰레기 줄이기
- 제로 웨이스트 실천하기
- 버스팅 시작!

1장
뮤직 페스티벌에 가고 싶어요

"**엄**마, 제발! 부탁할게요, 네?"

"너희끼리는 위험해! 초등학생이 무슨 페스티벌이야!"

"재희네 사촌 언니가 대학생인데, 같이 가 준다고 했어요. 저는 제 티켓만 있으면 돼요!"

"그래도 안 돼. 아무리 대학생이라도 초등학생을 둘이나 챙기는 건 힘들어. 티켓값도 너무 비싸고."

"티켓은 제 용돈으로 해결할게요. 조금만 더 모으면 돼요."

"다음에 이야기해. 엄마는 이제 손님 맞을 준비해야 해."

엄마는 고개를 저으며 커피 기계를 데우기 시작했어요. 엄마는 여러 공방이 모여 있는 골목에 자리한 작은 카페의 사장님이에요. 주로 공방 사장님들이 출근하면서 들르는 곳이라 주말 오전이 제일 바쁜 시간이었어요.

"엄마! 탁자는 제가 닦을게요. 대신 용돈 주셔야 해요. 알죠?"

가은이는 행주로 탁자를 닦기 시작했어요.

"저 꼭 가고 싶어요. 작년에 아빠랑 갔을 때 얼마나 좋았는지 몰라요. 여기 카페에서 자주 듣던 노래를 가수가 직접 부르고, 그걸 눈앞에서 직접 보고 들으니 심장이 막 쿵쿵거렸어요. 낮에 잔디밭에 앉아서 시원한 음료수를 마시면서 듣는 것도 좋았지만, 저녁에는 무대 가까이로 다가가 서서 보았거든요! 그때 화려한 조명과 그 뒤로 펼쳐진 노을이 어우러지던 순간이 얼마나 환상적이었나 몰라요. 아, 정말!"

아직도 그날의 기억이 가은이의 눈앞에 생생하게 펼쳐졌어요. 작년에 삼촌이 부모님한테 결혼기념일 선물로 뮤직 페스티벌 관람권을 주었어요. 하지만 바쁜 엄마 대신 아빠랑 가은이가 갔었는데, 정말 놀랐거든요.

일반적인 콘서트와 달리 뮤직 페스티벌은 낮부터 밤까지 여러 가수가 시간별로 노래하고, 사람들은 자유롭게 공연을 보았어요. 다양한 음

료와 음식을 파는 곳도 있어서 잔디밭에 돗자리를 펴고 앉아 먹고 마시며 음악을 들었어요. 좀 더 가까이 보고 싶은 사람은 무대로 다가가서 즐기기도 했고요. 다들 무척 행복해 보였어요. 가은이도 아빠와 돗자리에 누워 별을 보며 노래를 듣던 그 순간이 너무 행복해 잊을 수가 없었어요.

"우리 딸, 이 감성을 어쩌나!"

커다란 박스를 들고 카페로 들어서던 아빠가 가은이에게 인사를 건넸어요.

"아빠, 우리 또 가요! 나 진짜 올해도 가고 싶단 말이야."

"그러게. 좋긴 했는데, 그날 아빠도 바빠. 그리고 엄마가 허락하지 않는 건 아빠도 반대야."

아빠의 목소리에 어느새 엄마가 다가와 반갑게 맞이했어요.

"그거 일회용 컵이죠? 딱 맞춰 가져왔네요. 정말 고마워요."

"1,000개짜리 박스인데, 얼마 못 가네요."

"우리 가게는 음료를 포장해 나가는 사람들이 많잖아요."

"커피 자체가 너무 맛있으니까 많이 팔리죠. 커피 내리는 거 기다리면서 듣는 노래 선곡도 좋고! 아, 그래서 우리 가은이가 노래를 좋아하는구나!"

아빠는 가은이를 보며 눈을 찡긋거렸어요.

"맞죠! 제가 엄마 가게 일 돕다가 노래 듣는 걸 좋아하게 되었잖아요. 노래를 못해서 가수는 못 하겠지만, 가수를 위한 공연은 만들 수 있지 않을까요? 삼촌처럼! 아, 맞네! 엄마, 제 꿈은 오늘부터 공연 기획자예요. 그러니 페스티벌에 가게 해 주세요!"

아빠와 가은이의 너스레에 엄마가 졌다는 듯 고개를 가로저었어요.

"그렇게 가고 싶어? 그럼 티켓값은 정말 네가 감당하는 거다?"

"야호! 알았어요. 제가 뭐든 할게요!"

"그럼 일단 오늘은 아빠를 도와줘. 개막 경기가 있어서 손님이 많을 거야. 일당 두둑하게 줄게."

야구장 바로 옆에서 카페를 하는 아빠가 가은이에게 도움을 청했어요. 아빠의 가게는 좌석 없이 음료를 포장해 파는 소형 점포라서 아빠 혼자 일해요. 하지만 오늘처럼 야구 경기가 있는 날은 무척 바빠서 엄마와 가은이가 가끔 일을 돕기도 했지요. 가은이는 남은 탁자를 재빨리 닦고 아빠를 따라나섰어요.

오늘은 평소보다 훨씬 더 힘들었어요. 올해 첫 야구 경기라서 사람들이 구름처럼 몰려왔거든요. 아직 봄이지만 날씨가 따뜻해서 사람들이 시원한 음료를 많이 찾기까지 했어요. 그래서 일회용 컵에 얼음 담는 일을 하는 가은이의 손은 쉴 틈이 없었어요. 이윽고 준비한 일회용 컵이 다 떨어졌어요. 야구 경기도 거의 끝나고 있었어요.

"가은아, 우리도 이제 정리하자!"

"오늘은 그냥 가면 안 돼요? 너무 힘든데……."

"힘들어도 하던 건 해야지. 내 손에서 나갔으니 내가 치워야 하는 것이 맞아!"

가은이가 투정을 부렸지만 아빠는 단호하게 대꾸하며 커다란 비닐봉지를 내밀었어요. 야구장을 청소해 주시는 분은 따로 계셔도 아빠는 항상 카페 문을 닫기 전에 근처에 아무렇게나 버려져 있는 쓰레기를 수거했어요.

"이건 우리 카페에서 나간 쓰레기가 아니잖아요."

"우리 카페의 쓰레기도 다른 분들이 치우고 있을 거야."

아빠는 커다란 비닐봉지를 들고 야구장 주변을 돌기 시작했어요. 분리배출통과 쓰레기통이 따로 있었지만 이미 꽉 차서 쓰레기가 흘러넘쳤어요. 그 옆엔 먹다 남긴 음식을 어찌하지 못해 그냥 두고 간 일회용 컵과 접시 들이 여기저기 널려 있었고요. 아빠는 거침없이 쓰레기를 치웠어요. 하는 수 없이 가은이도 쓰레기를 담았지요. 손이 더러워지는 것이 싫어서 일회용 비닐장갑을 끼고 주워 담았어요.

가은이가 가장 먼저 발견한 쓰레기는 야구장에서 제일 인기 있는 컵밥 그릇이었어요. 먹다 만 닭갈비 덮밥이 담긴 종이 그릇에 일회용 플라스틱 숟가락이 꽂혀 있었어요. 평소 좋아하는 음식이지만 남이 먹다 남긴 걸 치우려니 비위가 상했어요. 그래서 눈을 반만 뜨고 손끝으로 집었어요. 그러다 보니 정확하게 넣지 못하고 봉지 입구에 걸려 바닥에 떨어졌어요.

"아오! 쓰레기 진짜 싫어!"

가은이는 다시 컵밥 종이 그릇을 손가락 끝으로 집어 봉지에 넣었어요. 양념이 물들어 붉게 변한 일회용 숟가락과 바닥에 떨어진 밥알들도 담았어요. 그러고는 손에 낀 일회용 장갑을 벗어 버리고 새것으로 바꿨어요.

"역시 일회용이 최고야!"

아빠는 고무장갑을 건넸지만 가은이는 중간에 바꿀 수 있는 일회용 비닐장갑이 더 좋았어요. 새 비닐장갑으로 갈아 낀 가은이는 컵밥 옆에 있던 일회용 컵을 집었어요. 플라스틱 뚜껑에 빨대까지 꽂혀 있는 불투명 코팅 종이컵이라서 안에 내용물이 확인되지 않았어요. 가은이는 뚜껑을 열어 컵 안을 확인했어요. 확인하지 않고 그냥 봉지 안에 넣게 되면 컵에 담겨 있던 음료가 쏟아져 무거워지고, 운이 안 좋으면 봉지가 터져서 더 힘들게 치워야 했어요. 이미 가은이가 겪어 본 일이거든요. 돕겠다고 봉지에 쓰레기를 그대로 쓸어 담았다가 쏟아서 아빠가 대걸

레까지 들고 나와 치웠어요. 그 뒤로 가은이는 꼭 컵 뚜껑을 열어서 남은 음료를 따로 버리고 봉지에 담았어요.

다행히 이번 음료 컵은 다 마신 것이라 그대로 쏙 넣었어요. 가은이와 아빠는 열 봉지를 꽉꽉 채워서 쓰레기봉투가 가득 쌓여 있는 곳으로 옮겼어요.

"쓰레기 진짜 많다! 하기 싫었는데 그래도 이렇게 모인 쓰레기를 보니 뿌듯하네. 이만큼 깨끗해진 거잖아요."

"그렇게 생각하다니 기특한데, 우리 가은이?"

아빠는 흐뭇해하며 가은이의 등을 쓸어 주었어요.

"하지만 아빠는 하루에 이렇게 많은 쓰레기가 나와도 되나 싶어서 걱정이 되기도 해."

"그건 어쩔 수 없잖아요. 음료는 마시고 싶고, 야구 구경은 해야 하고. 텀블러는 무겁기도 한 데다가 다 마신 컵을 하루 종일 가지고 다니는 것도 불편하니까요."

"맞아. 사실 이렇게 말하는 아빠도 텀블러를 쓰는 게 불편하더라. 그래서 아빠가 할 수 있는 걸 하는 거야. 내가 오늘 내보낸 일회용품만큼 줍는 거!"

"진짜요?"

"응. 오늘 아빠가 일회용 컵 100개가 담긴 박스를 총 10개 팔았으니까, 쓰레기봉투 10개만큼 주운 거야."

"뭔가 더 뿌듯하다."

"오늘 우리 딸 수고했어! 가은이가 없었으면 아빠 정말 힘들었을 것 같아."

"그럼 저 용돈 더 많이 주세요! 페스티벌에 꼭 가고 싶다고요."

"오늘은 진짜 힘들었으니까 평소보다 더 줄게."

"고마워요, 아빠!"

"아이코! 배고프다. 어서 집에 가자!"

허기를 느낀 아빠와 가은이는 서둘러 집으로 향했어요.

집에는 먼저 퇴근한 엄마가 저녁을 해 놓고 가은이와 아빠를 기다리고 있었어요. 가은이는 밥을 두 그릇이나 먹고 숟가락을 내려놓았어요.

"잘 먹었습니다. 그리고 설거지는 제가 할래요. 대신, 아시죠?"

"오늘 피곤할 텐데, 그냥 엄마가 할게."

"잘 헹궈서 식기세척기에만 넣으면 되는데요, 뭐."

"우리 가은이가 아주 단단히 마음먹었구나? 그래, 알았어. 깨끗하게 부탁해!"

"여보, 가은이가 설거지할 동안 우리는 영화나 볼까요?"

엄마와 아빠는 거실 소파로 자리를 옮겼고, 가은이는 노래를 흥얼거리며 설거지를 시작했어요. 몸은 좀 피곤했지만 페스티벌에서 재희랑 신나게 놀 생각을 하니 기분은 좋았어요. 가은이가 마지막 국그릇을 식기세척기에 넣을 때쯤 초인종이 울렸어요.

"저 왔어요! 부탁하신 서류 가져왔어요."

반가운 목소리에 가은이가 급하게 고무장갑을 벗고 뛰어갔어요.

"삼촌!"

"우리 가은이, 잘 있었어?"

삼촌이 두툼한 종이봉투를 들고 들어왔어요.

"삼촌, 나 작년에 갔던 그 페스티벌에 또 갈 거예요! 엄마한테 허락은 맡았고, 티켓 사려고 용돈 모으고 있어요. 그래서 오늘 가게 두 군데서 다 일하고 왔어요. 방금은 설거지도 하고."

"페스티벌이 진짜 좋았구나? 선물한 내가 다 뿌듯하네!"

"응. 이번엔 친구랑 갈 거라 더 설레요. 친구네 사촌 언니가 마침 그 페스티벌에 간다고 해서 보호자로 같이 가기로 했어요. 잘됐죠?"

가은이는 이제 막 신발 벗은 삼촌에게 달려가 하고 싶은 말을 정신없이 쏟아 냈어요.

"가은아. 삼촌 좀 앉고, 그러고 이야기하자! 응?"

"그래, 가은아. 삼촌 마실 것 좀 가져다주고!"

가은이가 매달려 소파에 앉지도 못하고 서 있는 삼촌을 보고 부모님이 가은이를 말렸어요.

"삼촌, 주스 괜찮죠? 낮에 엄마 가게에서 착즙한 오렌지주스 있어요. 정말 맛있다고요."

가은이는 삼촌의 대답도 듣지 않고 냉장고로 갔어요. 오렌지주스는 삼촌이 제일 좋아하는 음료거든요.

냉장고에서 오렌지주스 병을 꺼내 따르려는데, 컵이 보이지 않았어요. 자주 사용하는 컵은 이제 막 작동을 시작한 식기세척기에 들어가 있었고, 예쁜 컵은 찬장을 열고 꺼내야 했어요. 잠시 망설이던 가은이는 순간 좋은 생각이 떠올라 주방 뒤 베란다에 갔어요. 커다란 박스에서 일회용 컵과 예쁜 로고가 인쇄되어 있는 컵 홀더, 컵 뚜껑과 빨대까지 꺼내 와 오렌지주스를 따랐어요. 가게에서 파는 그대로였죠. 가은이는 뿌듯한 마음으로 삼촌에게 가져갔어요.

"아니 이게 뭐야? 집에서 웬 일회용 컵?"

의아해하는 삼촌의 표정에 가은이가 기세등등하게 말했어요.

"깨끗한 컵에 멋지게 드리고 싶어서요. 어때요? 카페에서 마시는 그대로죠?"

"깨끗한 컵?"

"오로지 삼촌만을 위해 단 한 번 사용되는 특별한 컵이잖아요!"

가은이는 '특별한'을 힘주어 말했어요. 하지만 삼촌은 평소처럼 바로 가은이의 말에 맞장구치지 않고 잠시 고개를 갸웃거렸어요.

"가은아, 정말로 일회용품이 더 깨끗하고 특별하다고 생각해?"

"네. 딱 한 번 쓸 수 있는 거잖아요."

"그래. 그렇게 생각할 수도 있겠다. 아! 가은이 너 용돈 모으는 중이라고 했지?"

"네. 아직 반밖에 못 모았어요."

"그럼 내일 삼촌이랑 일하러 가자. 아빠가 주신 일당보다 더 줄게."

형수님, 내일 가은이 데리고 가도 되죠?"

"네. 별일 없어요. 가은이만 괜찮다면 얼마든지요."

"아. 신난다! 일도 하고 좋아하는 삼촌이랑 온종일 있고! 근데 어디에서 무슨 일을 해요?"

"가 보면 알아. 편한 옷 입고 기다려. 내일 데리러 올게."

삼촌은 엄마 아빠와 이야기를 좀 더 나눈 후 집으로 돌아갔어요. 가은이는 내일 삼촌이랑 놀 생각에 잠이 오지 않았어요. 하지만 밤을 제일 빨리 보내는 방법은 잠밖에 없다는 걸 잘 알기에 빠르게 씻고 누웠어요.

"삼촌은 진짜 수호천사야. 맨날 딱 필요할 때 나타나!"

가은이는 삼촌 생각을 하다가 잠이 들었어요.

일회용품 이야기

가볍게 쓰고 무겁게 책임지게 되는 일회용품

• 여러분은 오늘 어떤 일회용품을 사용했나요?

한 번 쓰고 버리는 물건을 우리는 '일회용품'이라고 부릅니다. 하지만 정말 한 번만 써야 할까요? 물론 주삿바늘이나 이발소 면도기 등 건강과 위생 때문에 딱 한 번만 써야 하는 일회용품도 있어요. 하지만 1회 이상 쓸 수 있도록 만들어진 일회용품이 너무나 많답니다. 게다가 과학 기술의 발달로 일회용품은 날이 갈수록 단단하고 견고해졌어요. 아이러니하게도 일회용품이 튼튼해진다는 건 지구가 병들어 가고 있다는 소리지요. 만들 때도 에너지를 사용하고 이산화 탄소가 발생되지만 특히 버려졌을 때 더 큰 환경 문제를 일으켜요. 한 번 쓰고 버려진 물건들이 한 번에 사라지지 않고 지구를 점령하고 있거든요. 특히 플라스틱으로 만들어진 것은 이미 사회적 위협이 되고 있어요. '지금껏 인류가 썼던 플라스틱 칫솔은 한 개도 썩지 않고 남아 있다.'라는 말이 있을 정도니까요.

시작은 지구를 살리던 플라스틱

'만드는 데 5초, 사용하는 데 5분, 사라지는 데 500년.'

플라스틱 일회용품의 일생을 잘 나타낸 문장입니다. 500년이나 걸려서 사라질 것을 5초 만에, 그것도 값싸게 만들어 내는 과학 기술은, 처음에는 인류의 축복이었어요. 만약 플라스틱이 없었다면 전 인류의 가구를 위해 수없이 많은 나무가 베어져 결국 숲이 사라졌을 거예요. 이외에도 옷, 신발, 자동차 타이어 등 수많은 플라스틱의 자리를 대신해 들어가야 할 천연자원들이 고갈되었을 거고요.

하지만 함부로 쓰기 시작하면서부터 축복이 재앙으로 변하기 시작했어요. 우리는 가볍고 튼튼한 플라스틱을 편리하게 사용하기 위해 한 번 쓰고 버리며, 쉽고 예쁘게 물건을 만들기 위해 포장하는 데에 플라스틱을 사용했어요. 처음 플라스틱이 발명되어 사용된 100년보다 지난 10년 동안에 더 많은 플라스틱이 만들어졌을 정도였으니까요. 1년 동안 전 세계에 3억 개가 만들어지고 1인당 136킬로그램을 사용하고 있어요. 특히 빠르고 간편한 것을 좋아하는 우리나라의 경우, 2020년 기준 환경부에서 발표한 자료에 따르면 하루에 버려지는 플라스틱 쓰레기가 848톤이나 된다고 해요. 우리가 매일 보는 버스 70대의 무게와 비슷해요.

함부로 버려진 플라스틱 일회용품, 그 끝은?

1997년 태평양 한가운데, 지도에 없던 섬이 발견되었어요. 해류를 타고

• 썩지 않는 플라스틱 쓰레기가 바다에 가득해요.

흘러들어 온 전 세계 쓰레기더미가 섬처럼 모여 있었던 거예요. 우리나라 면적보다 16배나 큰 쓰레기더미였답니다. 그중 90퍼센트는 썩지 않는 일회용 비닐과 플라스틱 쓰레기였어요.

플라스틱은 가벼워서 아무렇게나 버리면 결국 물로 흘러들어 바다로 모여요. 그렇게 모인 플라스틱 쓰레기는 500년 동안 썩지 않아요. 대신 작게 쪼개져 미세 플라스틱이 된답니다. 안개처럼 바다에 떠다닌다고 해서 '플라스틱 스모그'라고도 불려요.

실제로 서지중해는 플랑크톤과 미세 플라스틱 비율이 2:1이 될 정도로 심각한 상황이라고 합니다. 이런 미세 플라스틱은 먹이로 착각한 해양 생물들의 몸으로 들어갔다가 인간의 식량으로 돌아오게 돼요. 바닷속 생태계뿐 아니라 우리의 건강에도 심각한 영향을 미치게 되지요. 편하게 쓰고 버린 것이 재앙이 되어 돌아오고 있습니다.

2장
관객 잘못이 아니야

맑고 푸른 하늘이 창밖으로 펼쳐졌어요. 삼촌의 차 안에서 보는 하늘은 더 파랗고 예뻤어요. 늦잠을 자고 싶은 주말 아침이었지만 삼촌이 이른 시간부터 데리러 와서 가은이는 겨우 세수만 하고 따라 나왔어요.

"삼촌, 우리 지금 어디 가는데요?"

가은이는 엄마가 싸 준 샌드위치를 크게 한입 베어 물며 삼촌에게 물었어요.

"페스티벌! 하지만 오늘은 일하러 가는 거야."

"그래도 노래는 들리겠네요. 혹시 더 가깝게 볼 수 있는 거 아녜요?"

"아니, 못 볼 거야. 페스티벌에는 무대 말고도 신경 써야 할 일들이 많아."

"공연보다 더 중요한 일이 있어요?"

"물론 공연이 제일 중요하지. 하지만 관객들이 편히 즐길 수 있게 하는 일도 중요해. 공연 기획자는 무대뿐만 아니라 무대를 즐기는 사람들의 만족도까지 책임져야 해. 가은이 너, 공연 기획자가 꿈이라고 했다면서?"

"사실 급히 만든 핑계였지만, 생각해 보니 많은 사람을 순식간에 행복하게 만들어 주는 멋진 직업인 것 같아요. 차근차근 알아보려고요!"

"맞아. 참 보람 있는 직업이지."

"근데 삼촌은 왜 그만두었어요?"

"공연 문화에 꼭 필요한, 더 보람 있는 일을 찾았어. 어떤 일을 찾았는지 우리 가은이에게 보여 주고 싶구나!"

"네! 저도 궁금해요. 오늘 진짜 기대된다."

삼촌과 대화하는 사이, 가은이는 샌드위치를 다 먹었어요. 바쁘게 나오느라 아침을 못 먹기도 했지만, 엄마의 샌드위치는 진짜 맛있거든요. 신선한 갖가지 채소와 촉촉한 닭 가슴살, 거기에 크랜베리와 견과류가 들어가 씹는 맛도 일품이에요. 엄마의 가게에서 제일 많이 팔리는 메뉴이기도 했어요. 역시 오늘도 맛있어서 싹싹 먹었어요.

　삼촌은 배부르다고 해서 가은이 혼자 다 먹었고, 샌드위치가 들어 있던 텅 빈 유리 용기는 잃어버리지 않게 꽃무늬 에코 백에 넣었어요. 잊지 말고 가져오라는 신신당부를 받았거든요.

"아니, 엄마는 샌드위치를 왜 유리통에 담았지? 가게에서 팔 듯 일회 용기에 담았더라면 버리면 되는데, 귀찮아졌네."

　가은이의 혼잣말에 삼촌이 질문을 던졌어요.

"정말 그렇게 생각해?"

"네. 게다가 음식 담았던 그릇을 온종일 설거지도 안 된 상태로 두면 더 더러워지는 거 아닌가요? 보이지 않는 세균이 계속 자라고 있을 것

같아요."

"근데 가은아, 그게 말이지. 아니다, 직접 봐야 달라지지!"

"게다가 삼촌, 이것 좀 봐요. 이 에코 백 너무 촌스럽지 않아요? 난 꽃무늬가 정말 싫어요. 에코 백 모으는 것이 취미라 내 방에 예쁜 에코 백이 얼마나 많은데, 엄마는 꼭 이걸로 주시더라고요."

"가은아. 그 에코 백, 엄마가 너 임신했을 때 딸인 거 알고 커플로 들고 싶어서 직접 손바느질해 만든 거 알고 하는 말이야? 무늬로 박힌 데이지 꽃도 엄마가 좋아하는 꽃이잖아."

"네? 아, 몰랐어요. 어쩐지 똑같은 게 두 개더라……. 그래도 삼촌! 꽃무늬는 창피하다고요."

가은이 목소리가 줄어들었어요. 왠지 모를 민망함에 말을 멈추고 손가락으로 창문에 동그라미만 그렸어요. 삼촌도 별말 없이 다시 운전에 집중했어요.

차는 달리고 달려 한강 공원에 도착했어요. 삼촌과 가은이가 차에서 내리자 한 사람이 다가왔어요.

"캡틴! 또 늦으셨네요."

"아니, 내가 늦은 게 아니라 레인 님이 일찍 온 거죠."

"그럴 리가요. 저는 정확히 시간 계산해서 왔고, 캡틴은 확실하게 지각을 한 거죠!"

'레인 님'이라 불린 여자는 베이지색 점퍼 슈트를 입고 파란색에 흰 물방울 무늬가 그려진 손수건을 머리띠처럼 묶고 있었어요. 앞으로 내려오는 머리카락은 단 한 올도 용서 못 하겠다는 듯 깨끗하게 묶여 있었고요.

"레인 님, 오늘만 넘어갑시다. 조카 앞이니 삼촌 체면 생각도 좀 해 줘요! 여긴 어제 말한 가은이에요. 가은아, 인사 드려. 삼촌이랑 일하는 분이야."

삼촌은 재빨리 가은이를 소개했어요.

"안녕하세요. 저는 보라 초등학교 6학년 임가은이라고 합니다."

"반가워요. 우린 서로를 다 별명으로 불러요. 나는 비를 좋아해서 '레인'이라 지었으니 그리 불러 줘요."

"'브레인'의 줄임말이기도 해. 기억력과 계산력이 엄청나거든. 모르는 것 있으면 레인 님에게 물어봐. 인터넷보다 정확하고 빠를 거야!"

"우아! 진짜요?"

가은이의 놀라는 표정에 레인이 고개를 흔들었어요.

"에이, 거짓말이에요. 사람이 어떻게 인터넷보다 정확하고 빠르겠어요. 삼촌이 늦은 걸 칭찬으로 덮으려 그러는 거에요. 그나저나 캡틴, 우리 늦었는데요?"

"아참! 그렇지. 어서 들어가자!"

돌아보니 이미 축제가 시작되었고, 사람들은 줄을 서 입장을 하고 있었어요. 가은이와 삼촌도 레인이 준비해 놓은 스태프 명찰을 목에 걸고 안으로 들어갔어요.

입장문을 통과하자 너른 잔디밭에 사람들이 돗자리를 깔고 공연을 즐기고 있었어요. 혼자 앉은 사람들도 있었지만 두셋씩 짝지어 앉은 사람들도 있었고, 아이와 함께 온 가족도 있었어요. 다들 갖가지 예쁜 색의 돗자리 위에 앉아 다양한 메뉴의 음식들을 먹고 있었어요.

"삼촌, 우리도 뭐 좀 마실까요?"

"안 돼. 임가은, 지금 일하러 왔다는 걸 잊지 마. 우린 회의하고 올 테니까 너는 공연장 구석구석의 사진을 찍도록 해. 특히 음식과 음료를 받는 사람들 사진과 분리배출 하는 사진. 그리고 여기저기 숨어 있는 쓰레기들을 찾아서 찍어 줘. 주로 어디에 버려지는지를 봐야 하거든."

"캡틴, 더 중요한 이야길 안 했잖아요. 특히 분리배출통과 쓰레기통이 있는 곳은 갔던 곳이라도 한 시간마다 다시 찍어서 시간별로 비교할 수 있도록 해 주세요! 또한 텀블러 같은 재사용 용기를 들고 온 사람들도 찍어 주세요."

"네. 잘 찍어 볼게요."

가은이는 조금 실망했어요. 삼촌을 따라다니면서 페스티벌을 즐길 수 있을 줄 알았거든요.

"그리고 이거. 유용하게 쓰일 거예요."

마음이 복잡한 가은이에게 레인은 손바닥만 한 지도를 건네주었어요. 페스티벌에 필요한 모든 정보가 들어 있는 지도였어요. 가수들의 공연 시간, 무대 위치, 들어온 음식 업체와 쓰레기통이 어디 있는지 등 많은 정보가 담겨 있었어요. 삼촌은 지도를 참고해서 모든 곳을 찍어 오라는 말을 남기고 레인과 함께 공연 관계자 사무실로 들어갔어요.

"좋다 말았네……. 하긴 나도 곧 관객으로 다시 올 거니까 오늘은 일해야지!"

가은이는 휴대폰 카메라로 삼촌이 지시한 곳을 찍었어요. 사람들은 수시로 음식과 음료를 구입했어요. 떡볶이, 컵밥, 국수 등 다양한 분식과 치킨, 피자, 튀김 등 각종 간식거리와 탄산음료를 샀어요. 피크닉 느낌의 축제라 그런지 사람들은 일행 수보다 음식을 조금 더 많이 사기도 했어요. 가은이 앞에 줄 서 있던 한 아이와 아빠도 시키려던 메뉴에서 더 추가해 주문을 넣었어요.

"컵밥 두 개에 김치말이 국수 하나 주세요."

2장 | 관객 잘못이 아니야

"아빠! 닭강정이랑 콜라도요."

"안 돼. 우리 가족 셋이 먹긴 너무 많아."

"앞 사람이 산 닭강정, 진짜 맛있어 보인단 말이에요."

"아이코, 녀석도 참! 닭강정이랑 콜라도 하나 더 주세요. 아이스커피도 하나 더 주시고요."

생각해 보니 작년에 가은이도 아빠에게 이것저것 시켜 달라고 졸랐어요. 푸른 잔디에 앉아 음악을 들으며 먹는 음식은 전부 맛있어 보였거든요. 물론 다 못 먹고 버려서 아빠에게 꿀밤을 맞았지만요. 하지만 아빠도 평소보다 조금 더 가은이 말을 들어주셨어요.

가은이는 음식을 주문하는 아빠와 아들의 사진을 찍었어요. 음식을 받아 들고 가는 친구들과 돗자리 위에 앉아 음식과 음악을 함께 즐기는 사람들도 휴대폰 카메라로 담았고요. 그렇게 한참을 여기저기 찍다 보니 휴대폰 용량이 꽉 찼어요. 가은이는 겹치는 사진은 지우려고 찍은 사진을 돌려 보았어요.

사진을 하나하나 살펴보니 가은이의 꿈이 더 단단해졌어요. 장난처럼 말한 꿈이었는데 자꾸만 더 공연 기획자가 되고 싶어졌어요. 모인 사람들 모두가 행복해 보였거든요.

'이제 쓰레기통을 찾아다닐 차례인가?'

가은이가 지도를 꺼내 쓰레기통 위치를 막 확인하려던 참이었어요.

"어머! 저기 원석 오빠 차다! 이제 막 도착했나 봐!"

"세상에! 빨리 가 보자! 가까이에서 보고 싶어!"

큰 소리에 놀라 돌아보니 단발머리의 언니들이었어요. 취향이 비슷한지 똑같은 단발머리를 한 언니 둘이 환호성을 지르고 있었어요. 이윽고 금색으로 빛나는 머리색을 한 가수가 나타나자 언니들은 그쪽을 향해 달려갔어요. 다가가 사인까지 받은 언니들의 얼굴은 세상을 다 가진 듯 보였어요. 그러고는 사인 받은 종이를 들고 무대 쪽으로 뛰어갔어요.

"누군가의 팬인 건 저렇게 좋은 걸까? 진짜 행복해 보인다!"

언니들의 웃음소리가 귓가에서 사라지지 않았어요. 덩달아 가은이도 빙그레 웃게 되었어요. 기분이 좋아진 가은이는 더욱 가벼운 발걸음으로 다음 쓰레기통을 향해 가려는데, 언니들의 돗자리가 보였어요. 감자튀김과 콜라가 있었고, 그 옆엔 김치말이 국수와 일회용 플라스틱 컵에 이슬이 송송 맺힌 아이스커피도 있었어요. 모두 한입도 먹지 않은 새 음식들이었어요. 언니들은 사인을 받고 기뻐서 음식을 잊어버린 것 같았어요. 아까부터 목이 말랐던 가은이는 자기도 모르게 마른침을 삼켰어요. 하지만 다른 사람의 음식을 먹을 수는 없었어요. 게다가 곧 다시 와서 먹을 것 같았어요. 북극곰이 그려져 있는 텀블러와 투명 유리 용기도

그대로 놓여 있었거든요. 가은이는 돗자리와 그 위의 음식들도 사진으로 담았어요.

"임가은, 정신 차려. 지금 일하는 중이라고!"

스스로 머리를 콩 쥐어박고 가은이는 자리를 옮겼어요. 그러나 아무리 꼼꼼하게 살펴도 쓰레기를 찾기 힘들었어요. 가끔 이벤트에 참여하라고 나눠 준 종이가 바닥에 떨어져 있긴 했으나 그리 많지 않았어요. 그리고 곳곳에 놓여 있는 쓰레기통도 분리배출 표시가 잘 되어 있어서 다들 편하게 이용하고 있었어요.

어느새 가은이는 축제 지도 표시의 마지막 쓰레기통 앞에 도착했어요. 때마침 그 앞에는 한 아이와 엄마가 있었어요. 둘은 일회용 플라스틱 컵과 종이컵을 각각 분리배출통에 넣고 있어서 가은이는 그 모습을 사진으로 담았어요.

'여긴 규칙을 다 잘 지키고 있었네. 아빠 가게 근처에는 다들 그냥 버리고 가던데!'

가은이는 잠시 미간을 찌푸렸어요. 어제 아빠와 쓰레기를 줍던 기억이 떠올랐거든요. 그러고는 장래 희망으로 공연 기획자를 선택한 건 진짜 잘한 일인 것 같아 기분이 좋아졌어요. 더 찍을 곳이 없나 주변을 돌아보고 있는데 삼촌 목소리가 들렸어요.

"가은아, 이리 와. 우리도 이제 뭐 좀 마시자."

"잘됐다! 삼촌, 저 시원한 오렌지에이드 마실래요!"

삼촌은 음료 부스로 가서 오렌지에이드 한 잔과 아이스커피 두 잔을 시켰어요. 그러고는 가방에서 오렌지색 텀블러 두 개를 꺼냈고, 레인에게도 하나 받아 텀블러 세 개의 뚜껑을 열어 내밀었어요. 잠시 후 텀블러에는 작은 탄산이 톡톡 올라오는 오렌지에이드와 얼음이 가득 담긴 아이스커피가 담겼지요.

"저 닭강정도 먹을래요. 사실 엄청 배고파요!"

삼촌은 닭강정도 사 주었어요. 닭강정 부스에 가서는 유리 용기를 내밀어 받았어요.

"삼촌, 이런 거 다 들고 다니려면 무겁지 않아요?"

"무겁지. 그래도 뚜껑 있는 통에 담으면 음식이 마르지도 않고, 남으면 가지고 갈 수도 있어서 좋아."

"그래도 나들이 나올 땐 일회용이 최고죠. 무겁고 귀찮은 거 질색이야!"

"그래서 무겁고 귀찮은 거 삼촌이 대신해 주잖아!"

"맞아요. 그건 좋아요."

음식과 음료를 받아 무대와는 좀 떨어진 휴식 공간에 앉았어요. 조금 멀리서 보니 어두워지기 시작한 하늘에 무대의 조명이 퍼지자 꼭 우주 속 별빛 같았어요. 가은이는 이 순간을 기억하고 싶어 사진을 찍었어요. 사진이 마음에 들게 나오자 가은이는 마음이 들떴어요. 그래서 오늘 하루 느낀 점을 삼촌에게 털어놓기 시작했어요.

"삼촌, 여기 모인 사람들은 규칙을 굉장히 잘 지켜요. 분리배출도 잘하고, 쓰레기도 함부로 버리지 않아요. 지나다가 눈만 마주쳐도 인사해 주고. 다들 친절해! 음악을 사랑하는 사람은 선한 사람들인가 봐요."

"하하! 가은이가 페스티벌의 매력에 단단히 빠졌구나? 하긴 삼촌도 그랬어. 준비를 도우러 무대에 잠깐 오른 적이 있었는데, 기대에 찬 수많은 눈빛이 무대를 바라보고 있더라. 좀 짜릿했어. 그때 느꼈지. '정말 보람 있는 직업이구나.' 하고."

삼촌이 추억에 잠기자 레인이 고개를 저었어요.

"캡틴, 정확하게 말해 줘야죠. 아직 축제가 끝나지 않아서 그런 거잖아요!"

"네? 그게 무슨 소리예요?"

"지금은 쓰레기통이 가득 차지 않아서 그래요. 모든 공연이 끝나면 지금과 생각이 달라질 거예요."

"설마요. 이것 좀 보세요. 삼촌처럼 텀블러와 유리 용기까지 챙겨서 온 걸 보면 환경까지 생각하는 멋진 사람들인걸요."

가은이는 아까 본 언니들의 돗자리 사진을 확대해서 레인에게 보여 줬어요.

"이것 봐요. 다회용기가 있으면 뭘 해요. 옆에 일회용품이 이렇게 가득한데!"

"이미 한 번 담아서 썼나 보죠. 야외에서 설거지해서 쓸 수는 없잖아요. 그리고 저 같아도 일회용품에 담겠어요. 예쁜 스티커가 붙어 있는 일회용품에 담긴 음식 사진이 더 예쁘기도 하잖아요. 분리배출 잘하면 재활용도 될 테고."

투박하게 말하는 레인에게 가은이가 다시 핸드폰 화면을 내밀었어요.

일회용품에 담긴 음식 사진을 찍어 올린 SNS 계정이었어요.

"이렇게 스티커가 붙은 일회용품은 이걸 떼서 버리지 않으면 재활용이 되지 않아요. 게다가 스티커를 뗀다고 해도 음식물에 오염이 된 종이 접시라서 이건 쓰레기예요."

"네? 재활용이 안 돼요?"

"네, 안 돼요. 캔이나 병이면 모를까 일회용기나 일회용 컵은 재활용이 거의 안 된다고 보면 돼요. 매년 84억 개의 일회용 컵이 지구에 버려지고 있어요."

"84억 개요?"

가은이는 입이 다물어지지 않았어요.

"계산해 볼까요? 오늘 여기 모인 사람이 3,000명이 넘어요. 일반적으로 관객 한 명이 축제장에서 사용하는 일회용품은 3.5개 이상이에요. 그럼 오늘 하루 이곳에서만 1만 500개의 일회용품이 나와요. 지금 대한민국에 열리고 있는 축제만 대략 1만 5,000개가 넘으니까……."

"레인 님, 그걸 계산할 필요는 없어요. 가은이 얼굴이 하얗게 되었잖아요!"

가은이가 놀라서 눈만 껌벅거리고 있자 삼촌이 가은이 편을 들어줬어요.

2장 | 관객 잘못이 아니야

"삼촌, 난 진짜 몰랐어요. 분리배출을 하면 다 재활용되는 줄 알았어요. 그럼 어떻게 해요? 그렇다고 온종일 안 먹고 안 마실 수도 없잖아요."

"그래서 삼촌이 직업을 바꾼 거야. 일회용기 잡는 사냥꾼으로!"

"사냥꾼?"

"트래쉬버스터즈! 삼촌이 좋아하던 영화에서 이름을 빌려 왔지. 《고스트버스터즈》라고, 유령 잡는 사냥꾼이 나오는 영화였는데, 삼촌은 유령 대신 일회용기 잡으려고! 일회용기를 다회용기로 바꿔서 사용하도록 중간 역할을 하는 중이야."

"다회용기? 그게 뭐예요?"

"그건 나중에 설명해 줄게. 일단 우리 빨리 일어서야 해. 또 일해야지."

삼촌은 닭강정이 남은 용기의 뚜껑을 잘 닫아 가방에 넣었어요.

"다 끝난 거 아니었어요?"

"아니! 지금부터가 진짜야!"

가은이는 궁금함에 벌떡 일어났어요.

"아까 네가 찾아다닌 쓰레기통을 다시 훑을 거야. 가 본 곳이니 네가 앞장서!"

"두 번이나 돌았는데, 정말 깨끗했다고요."

"지금 저 무대가 오늘의 마지막이니까 상황이 달라졌을 거야."

확신에 찬 삼촌과 레인의 발걸음에 가은이는 안 믿었지만 따라갈 수밖에 없었어요. 하지만 가은이는 도착한 첫 번째 쓰레기통 앞에서 작게 소리를 지르고 말았어요.

"세상에나. 이게 다 뭐예요?"

깨끗하게 분리배출 되던 곳이었는데, 쓰레기가 가득 차고도 넘쳐 근처에 마구 쌓여 있었어요. 먹다 만 콜라도 그대로 버렸는지 쓰레기통 위에 엎어져 분리배출통 안으로 흘러들어 갔어요. 페스티벌 스태프들이 커다란 비닐봉지에 모두 다 쓸어 담고 있었지만 한참 더 치워야 할 것 같았어요.

"뭐해? 가은아, 어서 사진 찍어야지!"

삼촌의 재촉에 가은이는 정신을 가다듬은 뒤 사진을 찍었어요.

"아니, 왜 이렇게 된 거죠? 분명 아까는 분리배출이 잘 되고 있었는데! 갑자기 이상한 사람들이 들어온 걸까요?"

"그럴 리가. 이건 관객들 잘못이 아니야. 야외 축제 특성상 분리배출이 잘 되긴 힘들어. 어차피 분리배출이 되어도 다 재활용될 수도 없고."

"왜 재활용이 안 되는데요?"

가은이의 질문에 삼촌이 대답하려는 순간 누군가 말을 걸었어요.

"이거 어디에 버려요?"

돌아보니 아까 가수의 사인을 받고 좋아하던 언니들이었어요. 손에는 음식물이 남아 있는 접시와 일회용 컵이 있었어요.

"저기 스태프들이 들고 있는 봉투에 넣으시면 돼요. 음료는……."

"남은 음료는 화장실에서 버리고 왔어요. 감사합니다!"

언니들은 봉투에 쓰레기를 넣고 돌아섰어요.

"음식 아깝다. 맛은 있었는데 너무 많이 샀나 봐."

"아냐. 다 먹을 수 있었는데 공연 보고 오니까 말라 버려서 그랬지, 뭐."

"그나저나 오늘 너무 재미있었지?"

"응. 정말 잊지 못할 하루였어. 멋진 공연 덕분에 1년 에너지 충전된 느낌이랄까? 내년에 또 올래!"

아직도 여운이 남았는지 언니들은 집으로 가는 발걸음마저 행복해 보였어요. 가은이는 언니들의 뒷모습과 쌓여 있는 쓰레기를 번갈아 봤어요. 하지만 거기서 끝나지 않았어요. 쓰레기는 곳곳에 있었고, 행사가 끝났을 때쯤에는 300여 개의 쓰레기봉투가 산처럼 모여 있었어요.

"쓰레기가 너무 많다. 다들 너무 함부로 쓰는 거 아니에요?"

산처럼 쌓인 쓰레기를 보고 속상해진 가은이는 누구라도 탓하고 싶어졌어요. 그런 가은이를 가만히 지켜보던 삼촌이 어깨를 두드렸어요.

"가은아, 너 공연 기획자가 꿈이라고 했지?"

"네."

"그렇다면 넌 관객들의 행복을 지켜 줄 의무가 있어. 그러니 쓰레기의 모든 책임을 관객들에게 돌려서는 안 돼."

"그럼 어떻게 해요? 쓰는 사람이 조심하지 않으면 해결 안 되잖아요."

"쓰레기를 덜 만들 수 있도록 도와줘야지. 물론 어렵지 않게."

"어떻게 어렵지 않게 해요? 그게 가능할까요?"

가은의 물음에 내내 미간을 찌푸리고 있던 레인이 대답했어요.

"당연하지. 트래쉬버스터즈가 출동하면 돼!"

'출동'이라 말하는 레인의 얼굴에 아까 보았던 언니들처럼 행복한 웃음이 피어올랐어요. 이쯤 되니 가은이도 트래쉬버스터즈가 궁금해졌어요.

"삼촌, 나 다음 출동에 꼭 데리고 가 주세요! 뭐든 할게요!"

삼촌은 고개를 끄덕였어요.

세계는 지금 플라스틱 쓰레기와의 전쟁 중

팬데믹으로 폭발한 플라스틱 일회용품

생각지도 못한 감염병 코로나19가 전 세계를 휩쓸었어요. 세계의 모든 사람이 외출을 최소화하고 집 안에 머무는 시간이 길어졌죠. 만남도 발전도 잠시 멈추게 되었어요. 하지만 우리가 잠시 멈추는 동안에 지구는 건강해질 기회를 맞이했어요. 배로 가득 찼던 이탈리아 베네치아에 돌고래가 찾아오고, 인도에는 히말라야 산맥이 또렷이 보일 정도로 맑은 하늘이 나타났지요. 우리나라에도 초미세 먼지 농도가 엄청나게 감소해 상쾌한 공기를 마음껏 마실 수 있게 되었고요.

• 코로나19로 인해 일회용품 사용량이 폭발적으로 증가했어요.

하지만 기쁨도 잠시, 쓰레기가 폭발적으로 증가했습니다. 활동하는 모든 인구가 일회용 마스크를 쓰기 시작했고, 코로나19 감염자와 관련 종사자들은 엄청난 양의 일회용 위생용품을 사용했어요. 모두 플라스틱 소재로 만든 것들이었죠. 그러나 더 큰 문제가 있었어요. 외출을 멈춘 사람들이 배달 어플로 시키는 음식에서 나오는 일회용 플라스틱 그릇이었어요. 2019년 대비 음식 배달 건수는 78퍼센트가 증가하고, 이로 인한 폐플라스틱은 19퍼센트, 스티로폼은 14퍼센트 증가했다는 환경부의 통계가 있어요.

2017년 그린피스 보고서에 따르면 2016년 한 해 한국인의 1인당 플라스틱 소비량은 98.2킬로그램으로 전 세계 1위를 차지했었어요. 부끄러운 1위입니다. 여기에 팬데믹 생활로 배달 이용자가 늘자 2020년에는 11만 957톤의 일회용 플라스틱 음식 용기가 생산되었다고 합니다. 일회용 커피 컵으로 바꿔보면 79억 2,550만 개예요. 이렇게 많은 일회용품이 사용되었다고 생각하면 정말 큰일이 아닐 수 없습니다.

부끄러운 1등, 개인만의 책임일까?

우리나라 사람들은 편리하고 빠른 걸 좋아하기도 하고, 인구 대비 범죄율이 가장 낮아 세계에서 안전한 나라 1위로 뽑힐 만큼 준법정신이 높기도 합니다. 큰 범죄도 물론이지만, 일상 속 작은 규칙들도 잘 지켜 내죠. 물론 분리배출도 다른 나라에 비해 매우 활발하게 이루어지고 있어요. 그런데도 플라스틱 쓰레기를 제일 많이 발생시키는 나라가 된 것은 사용량도 많지만 재활용되지 못하는 플라스틱이 많아서예요.

분리배출 방법이 통일되지 못해 잘못된 방법으로 분리하는 사람이 많아요. 또한 플라스틱은 특성상 다른 원료가 섞이면 재활용이 되지 않습니다.

녹는점이 다 달라서 성능에 문제가 생길 수 있거든요. 그러므로 같은 소재는 물론 색상도 같게 분류가 되어야 재활용이 될 수 있어요. 하지만 지금 쓰이는 일회용 플라스틱 용기는 겉으로 보기엔 비슷해 보이지만 다 다른 원료로 되어 있습니다. 용기마다 바닥에 표시된 것을 보면 알 수 있지요.

PET (페트)	**재활용 가능** 투명하고 가벼운 재질로 보통 가장 많이 사용되고 재활용되는 플라스틱. 예) 음료수병, 생수병 등
HDPE (고밀도 폴리에틸렌)	**재활용 가능** 독성에 안전하고 인체에 무해한 플라스틱. 전자레인지에 사용해도 변하거나 녹지 않음. 예) 세제통, 샴푸통, 어린이 장난감 등
PVC (폴리비닐 클로라이드, 염화비닐)	**재활용 어려움** 재활용이 어려워 환경에 좋지 않은 플라스틱. 열에 약해 태우면 독성가스와 환경호르몬을 배출해 전자레인지 사용은 피해야 함. 예) 고무대야, 인조가죽, 가방, 우비 등
LDPE (저밀도 폴리에틸렌)	**재활용 어려움** 투명도가 비교적 높고, 필름이나 시트 등으로 이용하는 범용 플라스틱. 예) 비닐봉지, 케이블, 위생장갑, 화장품 용기, 필름, 포장재 등
PP (폴리프로필렌)	**재활용 어려움** 내열 온도가 높아 전자레인지에 사용 가능한 플라스틱. 예) 컵, 밀폐용기(주방용품), 일회용 빨대, 배달 포장 용기 등
PS (폴리스티렌)	**재활용 어려움** 열에 약해 전자레인지에 사용할 수 없는 플라스틱. 예) 컵라면 용기, 요구르트병 등
OTHER (복합 소재)	**재활용 어려움** 복합 소재 플라스틱으로, 단일 플라스틱에 다른 재질이 도포되어 있다면 모두 복합 소재로 분류됨. 예) 요구르트컵, 커피컵 등

우리나라에서 2017년 한 해 동안 사용된 비닐봉지는 46만 9,200톤이고 페트병은 7만 1,400톤이며, 플라스틱 컵은 4만 5,900톤에 이른다고 그린피스 보고서에 나와 있습니다. 이 중에서 재활용은 22.7퍼센트 밖에 안 된다고 해요.

정부에서는 일회용 플라스틱 용기와 페트병의 재료를 하나로 통일하도록 가이드라인을 만들고, 기업에서는 제품을 만들 때부터 재활용이 잘 될 수 있도록 고려해야 하고, 일회용 포장재를 쓰지 않도록 노력해야 합니다. 개인은 철저한 분리배출뿐만 아니라 일회용 플라스틱 용기와 비닐 포장을 줄여 나가기 위해 노력해야 해요. 또한 친환경 기업의 제품을 우선적으로 소비해 환경 보호 활동을 기업 이익으로 연결시켜 주고, 그렇지 않은 기업에 대해서는 끊임없이 문제를 제기해야 하고요. 나라와 기업 그리고 개인이 함께 움직이지 않으면 바꿀 수 없는 문제입니다.

방법을 찾는 나라들

미국에서 11개 생수병을 조사한 결과 전 제품에서 미세 플라스틱이 검출되어 전 세계에 충격을 준 적이 있어요. 플라스틱 문제는 지구를 위한 것 이상으로, 지금의 나를 위해, 미래에 남겨질 아이들을 위해 당장 해결해 나가야 할 일임을 깨닫게 해 주었지요.

케냐와 르완다에서는 이미 비닐봉지 사용을 나라에서 금지했고, 영국은 2025년까지 일회용 플라스틱 빨대, 플라스틱 막대 면봉, 일회용 플라스틱 음료 막대를 없애는 것이 목표라고 합니다. 약국, 식당, 학교, 요양원 등 꼭 필요한 곳은 제외하고요. 프랑스는 2016년부터 플라스틱 사용을 단계적으로 규제해 왔는데, 2025년까지는 플라스틱 재활용 100퍼센트 달성을 목표로 세웠어요. 일회용 비닐봉지 제공 금지는 물론이고 배달 서비스에 사용되는 용기는 반드시 재사용하거나 수거해야 한다고 못 박았답니다. 특히 독일은 1990년대부터 탈 플라스틱을 목표로 이미 움직이고 있었어요. 독일은 기업이 포장된 제품을 팔기 전에 배송되는 상자를 비롯해 내부 포장재까지 나라에 미리 신고해서 허락을 맡아야 해요. 그리고 플라스틱 페트병을 가져오면 돈으로 돌려주는 제도를 통해 수거와 재활용률을 높이고 있지요.

포기하지 않는 사람들

나라가 강력한 규제를 앞세워 일회용 플라스틱 쓰레기를 줄이기도 하지만, 개인이나 단체가 움직이는 경우도 많습니다. 미국 캘리포니아에 사는 소년 라이언 픽맨은 만 3살부터 5년 넘게 바닷가 플라스틱 쓰레기를 주워 '라이언 재

• 라이언 픽맨은 만 3살부터 환경 문제에 관심을 기울였어요.

활용 회사'까지 차렸어요. 캘리포니아에서는 플라스틱 보증금 환급 제도가

있는데, 집 근처 해변에서 쓰레기를 줍는 봉사 활동을 하며 주운 플라스틱 병을 모아 가져다주고 환급을 받았다고 해요. 이렇게 모은 돈이 5년 동안 4,000만 원을 넘었고, 자신의 이야기를 널리 알려 참여를 높이고, 본인 회사 로고가 프린팅한 티셔츠를 팔아 얻은 수익금으로 태평양 해양생물 보호 센터에 기부하고 있어요. 라이언은 말합니다. 작고 어린 내가 할 수 있으니 여러분도 할 수 있다고!

전 세계를 공포에 몰아넣은 팬데믹 때문에 늘어난 일회용 폐마스크를 재탄생시킨 사람도 있답니다. 폴리프로필렌이라는 플라스틱 재질로 만들어진 일회용 폐마스크로 가구를 만든

• 김하늘 디자이너는 일회용 폐마스크를 이용해 가구를 만듭니다.

김하늘 디자이너입니다. 버려지는 마스크를 녹이고 다시 굳히는 과정을 통해 의자와 책상을 만들었어요. 분홍, 파랑 마스크로 알록달록한 작품을 탄생시키기도 했죠. 최근에는 화장품 공병까지 함께 녹여 더 다양한 모양과 색을 만들어 내고 있답니다.

이렇게 직접적인 실천을 하는 사람도 있지만, 플라스틱 문제를 플라스틱으로 해결하는 멋진 사람들도 있어요. 네덜란드의 데이브 하컨스는 일회용 플라스틱 쓰레기를 재활용하기 위해 '프레셔스 플라스틱'이라는 프로젝트를 만들었어요. 플라스틱 재활용 방법을 연구하고, 그 지식과 방법, 기술을

무료로 온라인에 공개하고 있어요. 사람들이 쉽게 따라 할 수 있도록 영상을 제작하여 올리고 직접 만들 수 있도록 여러 가지 키트를 다운로드 할 수 있도록 만들었죠.

• 플라스틱 병 뚜껑을 잘게 자르고 녹여 치약짜개를 만들어요.

우리나라에서도 프레서스 플라스틱 프로젝트가 진행되고 있어요. 바로 '플라스틱 방앗간'입니다. 플라스틱 방앗간은 곡물을 가공해서 식재료로 만드는 방앗간처럼 작은 플라스틱 쓰레기를 분쇄해 새로운 제품의 원료로 사용한다는 뜻의 이름이에요. 최근에는 플라스틱 병뚜껑을 사람들에게 받아서 치약짜개를 만들기도 했어요. 플라스틱 병뚜껑은 작아서 분류도 힘들고 색이 다양해서 재활용이 안 된다는 것을 알고 사람들에게 병뚜껑을 모아 달라고 했어요. 사람들은 자발적으로 병뚜껑을 모아 왔고, 플라스틱 방앗간은 모인 병뚜껑을 작게 자르고 녹여 치약 내용물을 끝까지 쓸 수 있게 도와주는 치약짜개로 재탄생이 되었답니다. 병뚜껑 재활용 정도로 플라스틱 쓰레기가 완전히 사라지진 않겠지만 사람들은 병뚜껑을 모으면서 혹은 튜브짜개를 쓸 때마다 플라스틱 쓰레기에 대한 생각과 재사용 습관은 바뀌었을 거예요. 번거롭지만 해냈을 때 얻은 성취감이 얼마나 크고 행복한 것인지 알게 되었을 테니까요. 그리고 쭉 실천할 거예요. 작은 실천이 지구와 우리의 삶을 지켜 낼

겁니다.

  이 밖에도 빠르게 분해되는 친환경 플라스틱을 개발하는 사람도 있고, 플라스틱을 빠르게 분해하는 기술을 개발하는 사람도 있습니다. 지구는 기다려 주지 않는다는 걸 아는 사람들이 실천을 서두르고 있어요.

가은이는 학교 가는 날보다 더 일찍 잠자리에서 일어났어요. 기다렸던 트래쉬버스터즈 출동이 바로 오늘이거든요. 사실 지난주 페스티벌을 다녀오고 가은이는 조금 힘들었어요. 평범했던 일상이 온통 엉켜 버린 기분이었어요. 학교가 끝난 후 친구와 늘 먹던 컵떡볶이를 먹을 때도, 학원에 가기 전 자주 먹던 슬러시를 사 먹을 때도, 심지어 엄마 가게에서 커피를 사가는 손님을 볼 때도 온통 신경이 일회용품에 쏠렸어요.

작은 산처럼 쌓여 있던 300개의 쓰레기봉투가 눈앞에서 사라지질 않앉어요. 그래서 집에 와서도 찍어 놓은 사진을 자꾸만 돌려 보았어요. 모두가 행복해 보이는 축제였는데 가은이만 웃지 못하게 되었어요.

"일회용 플라스틱 제품은 생산하는데 5초, 사용하는데 5분, 걸리지만 분해는 500년이 걸려요. 이러다가는 2050년에는 바다에 물고기보다 플라스틱이 더 많아질 거예요."

레인의 카랑카랑한 목소리도 자꾸만 떠올랐어요. 플라스틱이 더 많은 바다라니, 도무지 상상조차 되지 않았어요.

'축제를 하지 말아야 하나? 아니야. 삼촌이 일회용품을 잡는다고 했으니, 방법이 있을 거야!'

가은이는 아침밥을 든든히 먹었어요. 삼촌이 오늘은 밥 먹을 시간도 없이 바쁠 거라고 경고했었거든요. 가은이는 밥을 다 먹고 삼촌이 미리 가져다준 오렌지빛 후드티를 입었어요. 조금 큰 듯해서 팔을 살짝 접고 있는데 삼촌에게서 전화가 왔어요. 집 앞에 도착했으니 나오라는 전화였어요. 가은이는 기다렸다는 듯 달려 나갔어요.

"우리 가은이, 잘 잤어?"

"네, 삼촌! 어, 누가 또 있네요?"

삼촌 차에는 처음 보는 어른과 가은이 또래 아이가 타고 있었어요.

"아! 여긴 삼촌이랑 같이 일하는 친구야. '쎈 님'이라고 부르면 돼. 힘이 엄청 세거든."

"네가 가은이구나? 반가워. 여기는 내 조카 상웅이. 너랑 동갑이야. 인사해!"

"안녕. 아이는 나 혼자였는데, 네가 와서 진짜 좋아. 오늘 잘 부탁해!"

"으응. 안녕! 난 가은이. 나도 잘 부탁해."

가은이는 조금 어색했어요. 동갑내기 남자아이를 만나게 될 줄은 몰랐거든요.

"너 오늘이 처음이지? 난 벌써 세 번째 출동하는 건데 진짜 너무 짜릿해! 이건 정말 기적이야!"

"기적이라고?"

"응! 보면서도 믿기지 않는다니까. 같이 출동하는 걸 보니 너도 환경 보호에 관심 많은 거지? 나도 그래. 그린 리더가 되는 것이 내 꿈이야."

"아니. 난 그냥 용돈을 벌어서 페스티벌을 가고 싶었어……."

대답하는 가은이의 목소리가 작아졌어요. 북극곰을 지킬 방법을 찾다가 플라스틱 쓰레기 줄이기부터 시작했다고 말하는 상웅이의 눈이 반짝거렸거든요. 그린 리더를 꿈꾼다는 말에 가은이는 자기의 목적이 초라하게 느껴졌어요.

"우리 가은이는 공연 기획자가 꿈이래. 그래서 페스티벌에 가 보는 거야."

가은이의 목소리가 작아지자 삼촌이 도와주었어요.

"우아, 네 꿈도 되게 멋있다!"

"응? 아니, 아직은 그냥 생각만 해 봤어."

"나는 환경을 지키고, 너는 사람들의 행복을 지키고. 뭔가 근사하지 않니?"

상웅이는 기도하듯 가슴께에 두 손을 모으고 말했어요. 그 모습을 보니 가은이는 피식 웃음이 새어 나왔어요. 최근 만난 친구 중 가장 시끄러웠지만 싫진 않았어요. 첫 출동에 살짝 긴장하고 있었는데 상웅이의 수다가 마음을 편안하게 해 주었거든요.

상웅이의 수다를 듣다 보니 어느새 페스티벌 장소에 도착했어요.

"자, 도착했다. 이제 진짜 시작이야!"

차 문이 열리고, 가은이 눈앞에 축제 준비로 분주한 사람들이 보였어요. 관객 입장 줄을 정비하는 사람, 멀리서도 무대를 잘 볼 수 있게 설치된 전광판 카메라를 테스트하는 사람, 조명을 확인하는 사람, 휴식 공간을 정돈하는 사람 등등 많은 사람이 각자 맡은 역할로 분주해 보였어요. 그중에서도 제일 바빠 보이는 곳은 음식 부스였어요. 주문 즉시 음식을 만들어야 하기에 밑 작업을 하는 지금이 제일 바쁘다고 쎈 님이 알려 주었어요.

분주한 음식 부스 옆으로 한눈에도 확 들어오는 주황색 부스가 있었어요. '트래쉬버스터즈'라고 쓰여 있었고, 주황색 후드티를 입은 사람들

이 컵과 그릇을 진열하고 있었어요.

"컵은 바로 놓아 주세요. 입 닿는 곳이 바닥에 놓이면 안 되죠. 작은 것 하나까지 꼭 신경 써 주세요!"

카랑카랑한 목소리가 들렸어요. 가은이는 반가운 마음에 손을 흔들었지만 레인의 신경은 온통 진행에만 향해 있었어요.

"레인 님, 저희 왔어요!"

"캡틴! 주최 사무실에서 호출이요. 거기로 가시고요. 쎈 님은 버스팅 스코어 기계를 옮겨 주세요. 가은이와 상웅이도 따라가요. 스코어 안내판도 가져와야 하니까!"

레인은 인사도 생략한 채 해야 할 일부터 지시했어요.

"모든 계획이 레인 님 머릿속에 정리되어 있지. 괜히 브레인이 아니라니까!"

쎈은 어깨를 한 번 으쓱해 보이며 물건이 있는 곳으로 향했고 가은이와 상웅이도 그 뒤를 따라갔어요. 쎈은 트래쉬버스터즈 트럭 앞으로 가서 주황색 구름 모양 판을 번쩍 들었어요. 가은이와 상웅이도 안내판과 연결 전선을 들었어요.

"우리 삼촌이 들고 있는 건 버스팅 스코어 기계야. 다회용기를 빌릴 때마다 녹색 버튼을 꾹 누르게 하지. 그럼 내가 줄인 일회용품의 개수만큼 숫자가 올라가. 그때마다 다들 얼마나 즐거워하는지 몰라. 손쉽게 환경을 지킨 것 같다면서 말야."

"숫자로 보이니 확실하게 느낄 수 있겠구나."

"그렇지. '환경 보호를 위해서 다회용기를 사용해 주세요. 이건 굉장히 의미 있는 일입니다.'라고 진지하게 말하는 것보다 더 효과적이었어. 레인 님이 의견을 내신 건데, 다들 진짜 좋아하더라. 숫자가 계속 커지니까 뿌듯한가 봐."

"레인님 진짜 멋지다."

"응. 캡틴은 좋은 생각을 해 내고, 레인 님은 그걸 실천할 방법을 만들어. 우리 쎈 삼촌은 일을 해 내고. 셋 다 진짜 멋있어!"

"넌 트래쉬버스터즈를 진짜 좋아하는구나."

"응. 나 사실 학교에서 환경 지킴이 활동도 했었거든. 친구들에게 심각하게 '쓰레기를 줄이자, 일회용품을 사용하지 말자.'라고 하니까 다들 어려워하고 귀찮아하더라고. 근데 트래쉬버스터즈가 유쾌하고 쉬운 방법을 제시하니 사람들이 즐겁게 접근하더라. 나 그게 너무 좋았어."

말하면서도 신이 나는지 상웅이는 함박웃음을 지었어요.

"임가은, 문상웅! 할 일이 태산이야! 어서 와!"

"네! 갈게요!"

 멀리 앞서 걷던 쎈이 둘을 불렀어요. 가은이와 상웅이는 마주 보며 키득 웃고 재빠르게 뒤따랐어요.

 "가져온 건 여기에 놓고. 이제부터 내가 하는 말 잘 들어야 해요."

 레인은 가은이와 상웅이가 안내판을 세워 놓자마자 할 일을 설명해 주었어요.

 "여기 서서 필요한 컵과 접시, 숟가락과 포크 개수를 확인해 사람들에게 내어 주세요. 버스팅 스코어 버튼도 누르라 하고, 중간중간 부스 뒤에서 다회용기를 가져와 진열하세요. 다회용기가 넉넉하게 있어야 망설임

없이 쓰려고 할 테니까. 그리고 제일 중요한 건 반납해 달라고 말하는 거예요. 일반 쓰레기통이 아닌 반납함에 넣어 달라고 꼭! 꼭! 말해야 해요. 알았죠?"

상웅이가 '넵!' 하며 경례를 했고, 옆에서 가은이는 까르르 웃었어요. 그러자 레인은 못 말린다며 손으로 이마를 한번 짚고 돌아섰어요.

잠시 뒤, 입장한 사람들이 돗자리를 깔고 음식을 사러 오기 시작했어요.

"이제 사람들 들어온다."

"상웅아, 나 사실 조금은 떨려!"

"나도 떨려. 근데 불안보단 설렘에 가까워. 좋은 일을 재미있게 할 수 있다는 기대감에서 오는 마음이잖아. 너도 비슷하지 않을까?"

"그런가?"

"응. 그리고 선배인 내가 있는데 뭐! 잘 봐!"

상웅이는 자신 있게 첫 번째 온 관객을 맞이했어요.

"어서 오세요!"

"여긴 뭐하는 곳이에요?"

대학생 정도로 보이는 커플이었어요.

"여긴 유령 대신 일회용품을 잡아 지구를 지키는 트래쉬버스터즈 존이에요! 음료나 음식을 드실 때 일회용품 대신 다회용기를 빌려 쓰시면 돼요. 형과 누나는 편하게 쓰시고 쓰레기통 대신 곳곳에 설치되어 있는 반납함에만 넣어 주시면 되고요. 나머지는 저희가 다 알아서 합니다. 쉽고 편안하게 지구를 지킬 수 있어요!"

다소 수다스럽다고 느껴졌던 상웅이의 말솜씨가 빛을 보는 순간이었어요.

"쉽고 편안하게 지구를 지킨다니 궁금한데? 우리 이거 해 볼까?"

"그래. 어차피 마실 음료, 지구를 지켜 가며 마셔 보자!"

커플은 컵 두 개를 주문했어요. 지켜보던 가은이가 재빨리 컵을 내주었어요.

"이제 여기 녹색 버튼을 한 번씩 눌러 주세요."

"이게 뭔데요?"

"지금 두 분께서 줄인 일회용품 숫자를 표시하는 거예요. 저희끼린 '버스팅한다'고 해요. 오늘의 첫 버스팅 고객이십니다! 축하드려요!"

상웅이는 박수를 치며 가은이에게 눈짓을 보냈어요. 이를 알아챈 가은이가 녹색 버튼 앞으로 커플을 안내했어요. 여자가 버튼을 누르자 주황색 구름 판에 하얀색 숫자 1이 새겨졌어요.

"어머! 내가 첫 번째 버스팅했네. 오빠도 어서 눌러 봐!"

"그럴까? 내가 2번이네. 이거 은근히 재미있다!"

숫자가 2로 바뀌자 커플이 함께 웃었어요. 마주 보고 웃는 모습이 예뻐 가은이가 자기도 모르게 말을 걸었어요.

"기념으로 사진 찍어 드릴까요?"

"아! 감사해요. 좋은 추억이 될 것 같아요! SNS에 자랑해야겠어요."

커플은 '2'라고 표시된 숫자를 손가락으로 가리키며 사진을 찍었어요. 그러고는 무척 즐거워하며 컵을 가지고 음료수 파는 곳으로 향했어요.

"오, 임가은! 쫌 하는데?"

"오, 문상웅! 쫌 잘하는데?"

가은이와 상웅이는 '짝' 소리가 나게 하이파이브를 했어요. 힘 조절을 잘못해서 손바닥이 얼얼했지만 기분만큼은 최고였어요. 한 번 해 보니 가은이도 용기가 솟았어요.

"여기는 일회용품 잡는 트래쉬버스터즈입니다. 쉽고 편하게 지구를 구하세요!"

가은이의 목소리에 멀리서 삼촌이 엄지를 세웠어요. 삼촌의 칭찬에 가은이는 신이나 더 큰 목소리로 트래쉬버스터즈를 알렸어요. 그러자 사람들은 조금씩 흥미를 갖고 주황색 부스 앞에 모여들었어요. 둘은 조금 더 빠른 속도로 안내를 했어요. 주로 상웅이가 안내를 하고 가은이는 대여 용기를 내주고, 사진도 찍어 주었어요. 점심시간 가까이 되자 훨씬 더 많은 사람이 몰려왔어요.

"가은아. 나 쎈 삼촌에게 다녀와야 할 것 같아."

"지금? 이렇게 바쁜데?"

"다회용기가 부족할 것 같은데 삼촌이 전화를 안 받아."

"알았어. 하지만 빨리 와야 해!"

가은이는 살짝 두려웠지만 무서워할 틈도 없이 관객들이 몰려왔어요.

"뭐가 필요하세요?"

"접시 두 개, 컵 두 개, 포크와 숟가락 두 개요."

"여기 있어요. 그리고 녹색 버튼을 눌러 주세요. 다회용기를 사용해서 줄인 일회용품 수를 표시하는 거예요! 올라간 숫자 앞에서 사진도 찍으세요. 좋은 추억이 될 거예요."

"정말 그렇겠네요. 고마워요!"

설명을 듣는 사람들이 만족스러워하자 가은이는 살짝 신이나 속도를 올렸어요.

"네! 즐거운 시간 보내세요. 자, 다음 분?"

"저는 컵 네 개요."

"여기 있습니다. 더 필요한 건 없으세요?"

최대한 친절하게 설명하려고 노력했지만 줄이 길어지니 실수가 나왔어요.

"저는 녹색 버튼 안 눌러요?"

"아! 누르세요! 제가 말씀드리는 걸 깜박했어요."

뿌듯함도 잠시, 가은이는 상웅이의 빈자리가 크게 느껴졌어요. 조금 더 홀로 버틴 뒤에야 상웅이가 왔어요.

"혼자 힘들었지?"

"왜 이렇게 늦게 왔어!"

숨을 헐떡이며 뛰어온 상웅이가 반가웠지만 말이 퉁명스럽게 나갔어요.

"벌써 서른 명도 넘게 왔다 갔단 말이야."

"그 짧은 시간에? 미안해. 오다 보니까 반납함이 벌써 가득 찼길래 정리하고 왔지. 대여도 중요하지만, 반납도 진짜 중요하거든."

"반납함은 우리 담당 아니잖아. 그건 다른 사람에게······."

가은이는 뒷말을 삼켰어요. 사람들에게 다 사용한 다회용기를 반납함에 넣으란 말을 안 한 것 같았어요.

  '사람들이 쓰레기통에 넣으면 어떡하지? 아닐 거야. 설마 이렇게 예쁜 걸 한 번 쓰고 버리겠어? 아, 그렇다고 집에 가져가도 안 되는데! 큰일 났네.'

  "왜 그래? 왜 말을 하다가 말아?"

  "아니, 아니야."

가은이는 이미 엎질러진 물이라고 생각했어요. 게다가 수많은 그릇 개수를 어떻게 확인할까 싶어 숨기기로 했어요.

"여기, 컵 세 개 주세요."

"네. 잠시만요."

더 고민할 시간도 없었어요. 미리 받아 간 사람들이 쉽고 편하게 환경을 지켰다며 SNS에 소문을 내서 사람들이 더 몰려들기 시작했거든요.

"이거 두 번 사용해도 되는 거죠?"

쉴 틈 없이 연이어 대여하고 있는데 목에 카메라를 걸고 어깨에는 베이지색 에코 백을 멘 언니가 가은이에게 말을 걸었어요.

"네?"

"낮에 한 번 사용했는데, 다른 음료가 또 먹고 싶어서요."

"그럼요. 몇 번이고 사용 가능합니다. 반납만 제대로 해 주시면 돼요!"

"와! 진짜요? 너무 좋다. 저도 일회용품을 덜 쓰고 싶어서 텀블러를 꼭 챙기는데, 다음 잔 마실 때는 결국 쓰게 되더라고요."

상웅이의 설명에 언니는 제자리에서 폴짝 뛰며 기뻐했어요. 깨끗한 플랫 슈즈가 반짝였어요. 덕분에 실수 후 가라앉았던 가은이의 마음도 다시 환해졌어요.

페스티벌이 막바지에 이르자 음식 부스에서 매진 표시를 내걸었어요.

가은이와 상웅이도 대여소를 정리하기 시작했어요. 가은이는 일하는 중간에 삼촌이 가져다준 음료 컵을 들고 반납함으로 향했어요. 걸으면서 축제가 끝나갈 때쯤이니 온갖 쓰레기와 다회용기가 뒤엉켜 있는 모습을 상상했어요. 하지만 상상과 달랐어요. 반납함 앞엔 뒤엉킨 쓰레기 대신 사람들이 차례로 줄 서서 반납 용기를 넣는 모습이 보였어요. 게다가 놀라운 건 반납함 주변도 깨끗했어요.

"이거, 마저 먹자!"

"나 배부른데, 그냥 버리면 안 돼?"

"반납함에 그릇을 넣어야 하는데 쓰레기를 같이 버릴 수 없잖아. 그러니까 둘이 하나씩 나눠 먹자!"

"그러자! 그래도 덜 사서 다행이다. 그치?"

"응. 그릇을 빌려 음식을 주문하게 되니까 덜 시키게 되더라!"

줄 서 있는 사람들의 대화가 들렸어요. 가은이는 그제야 반납함이 깨끗하게 유지된 이유를 알았어요. 음식물까지 함께 버리던 일회용품과 달리, 반납해야 하는 다회용기는 대하는 마음이 달랐어요. 돌려줘야 하니까 함부로 다루지 않고, 용기에 맞게 음식을 사니 먹을 만큼만 사서 음식물 쓰레기가 적었음을 깨달았어요.

"지난주 페스티벌 관람객들이 나빠서 쓰레기를 마구 버린 것이 아니었어. 방법을 알려 주니 다들 해내는구나."

"우리 가은이! 그걸 벌써 알았어?"

반가운 목소리에 가은이가 고개를 돌리니 삼촌이 서 있었어요. 삼촌은 모자를 벗고 땀으로 촉촉하게 젖은 앞머리를 털어 냈어요.

"온종일 어디 갔었어요, 삼촌!"

"다회용기 나르고, 채워진 반납함을 모아서 옮겼지. 반납함을 깨끗하게 유지하는 것도 엄청 중요한 일이거든. 쓰레기를 버리는 곳이 아니라 반납하는 곳으로 보여야 용기를 더 소중히 다루지."

"그러네요. 진짜 신기해요!"

"더 신기한 거 보여 줄까?"

가은이가 고개를 끄덕이자 잠시만 기다리면 볼 수 있다면서 삼촌이 자신 있게 웃었어요.

마침내 줄 선 모든 사람이 다회용기를 반납했어요. 삼촌은 운반 캐리어에 반납함을 싣고 트래쉬버스터즈 트럭 앞으로 갔어요. 가은이도 덜 채워진 쓰레기봉투를 하나 들고 뒤를 따라갔어요. 트럭 앞에는 다들 반납 용기를 정리하느라 눈코 뜰 새가 없었어요. 특히 레인이 제일 바쁜 것 같았어요.

"쎈 님, 이 박스들은 개수가 맞아요. 옮기셔도 돼요. 상웅, 제자리에 다

맞춰 넣어야 해요. 그렇지 않으면 전량 회수가 되었는지 알 수 없어요."

삼촌은 레인에게 반납 통을 내밀었어요.

"레인 님, 이게 마지막 반납 통이에요! 근데 표정이 왜 그래요?"

그러고 보니 가은이가 보기에도 레인의 표정이 심각해 보였어요. 미간이 심하게 좁혀 있었거든요.

"캡틴. 뭐가 잘못된 것 같아요. 다회용기 개수가 너무 많이 모자라요. 이토록 적게 회수된 적은 없는데."

"많이 모자라요? 내가 가져온 용기를 넣어도?"

"네. 반납함 한 개에서 나올 수 있는 개수가 아니에요. 이렇게 많이 회수되지 않으면 손해가 커요. 손상된 용기라도 회수되는 것이 낫죠. 재가공으로 쓰이니까."

"이상하네요. 지금껏 다들 기쁘게 사용하고 돌려줬는데."

"게다가 아까 쓰레기통에서 컵을 10개나 발견했어요. 다행히 쎈 님이 반반 담긴 비닐봉지 2개를 하나로 합치느라 열어 봐서 찾아냈어요."

"멀쩡한 컵을 버리다니! 전엔 없던 일이네요. 다회용을 일회용처럼 사용한다면 더 최악이죠. 이렇게 되면 우리가 환경을 더 망치는 건데."

삼촌과 레인이 심각해졌어요. 곁에 있던 가은이의 표정도 바뀌었어요. 낮의 실수가 떠올랐거든요. 가은이의 손에 들려있던 쓰레기봉투가 떨어졌고, 쓰레기가 바닥에 쏟아졌어요. 상웅이가 달려와 쏟아진 쓰레기를 주웠어요.

"너 기운 빠졌구나? 내가 도와줄게. 어, 근데 이게 왜 여기에 있지?"

상웅이의 손에 주황색 다회용 컵이 들려 있었어요.

"쓰레기봉투에서 컵이 또 나왔어요?"

"발견해서 다행이다. 근데 가은아, 왜 그래? 너 울 것 같아."

상웅이의 말에 다들 가은이를 쳐다보았어요. 시선이 모이자 가은이의 얼굴이 더 빨개졌어요.

"사실……. 그러니까, 그게 말이에요……."

가은이는 마른침을 삼켰어요. 모르는 척하고 싶었지만, 삼촌의 표정이 너무 어두웠어요.

"사실 제가 큰 잘못을 했어요. 상웅이가 잠시 자리를 비워 저 혼자 대여했는데, 꼭 반납함에 넣어 달라는 소리를 못 했어요. 다 제 잘못입니다. 죄송해요."

"뭐라고? 그럼 아까 이야기를 했어야지. 그랬으면 안내 방송이라도 했을 텐데!"

삼촌의 목소리가 커졌어요. 한 번도 듣지 못한 격한 음성이었어요.

"이렇게까지 일이 커질지 몰랐어요. 반납이 이토록 중요한 건지도 몰랐고."

"가은아! 다회용이 일회용처럼 쓰이는 건 더 심각한 문제야. 여러 번 쓰라고 튼튼하게 만들려면 일회용보다 더 많은 오염이 발생된단 말이야. 7,000번 이상 사용해야 할 에코 백이 비닐봉지처럼 쓰이면 더이상 에코일 수가 없어. 그건 가짜 친환경이야!"

가짜라고 말하며 삼촌은 허탈한 표정을 지었어요. 버려졌다는 것이 더 충격인 것 같았어요.

"캡틴! 가은이를 심부름 보내고 제가 대여를 맡았어야 했는데, 제 잘못이에요."

"아니, 내 잘못이에요. 캡틴, 내가 반납의 중요성을 강조했어야 했는데 덜 가르친 내 잘못이에요."

상웅이와 레인이 서로의 잘못이라면서 나섰어요.

"아니에요. 가은이에게 우리의 취지를 설명 안 한 내 잘못이 제일 커요. 보면서 깨달았으면 해서 미리 말 안했더니."

삼촌까지 모두 본인의 잘못이라고 하자 가은이는 더 미안해져서 어쩔 줄 몰랐어요.

금방이라도 눈물이 쏟아질 것 같았어요. 다시 한번 사과하고 싶었지만 입이 떨어지지 않았어요. 그때 쎈의 유쾌한 목소리가 들렸어요.

"지금이라도 우리의 다회용기를 구하지 않으면 그게 제일 큰 잘못인 것 같은데요?"

"……?"

"아직 기회가 있어요. 어서 다회용기를 구합시다. 지구도 구하는 트래쉬버스터즈가 출동하면 금방 해결될 거예요."

"오, 쎈 님! 역시 정신력도 세다! 그래요, 어서 움직여요."

정신 차린 레인이 지시를 내리기 시작했어요.

"상웅이와 가은이는 무대를 기준으로 오른쪽 쓰레기통과 다회용기가 버려져 있을 구석구석을 살펴 줘요. 캡틴은 왼쪽을 맡고 쎈 님과 저는 쓰레기봉투가 모여 있는 쪽으로 가 볼게요. 그럼 어서 움직입시다."

"그래요. 다시 출동!"

상웅이가 손등을 내밀자 다들 그 위로 손을 모았어요. 겹겹이 손이 쌓여지자 상웅이가 가은이를 불렀어요.

"뭐해? 가은!"

우물쭈물하고 있는 가은이에게 빨리 오라며 모두 손짓을 했어요. 가은이가 가지 않으면 더 늦어질 것 같았어요. 가은이는 쭈뼛쭈뼛 손을 내밀었어요. 가은이의 손이 맨 위에 오르자 삼촌이 남은 한 손으로 가은이의 손등을 따뜻하게 잡았어요.

"자! 다시 힘내 봅시다. 트래쉬버스터즈! 출동!"

삼촌의 커다란 외침에 다들 활기를 되찾고 움직이기 시작했어요. 가은이도 힘껏 뛰었어요. 버스팅 스코어를 누르고 지구를 지켰다며 사람들의 환한 웃음을 지키고 싶었거든요. 하지만 첫 번째 쓰레기통에 도착한 가은이는 맥이 탁 풀렸어요.

"세상에! 어떡해. 이미 다 치웠나 봐!"

쓰레기통 근처는 깨끗했고, 걸려 있던 쓰레기봉투도 반밖에 안 채워져 있었어요.

"응? 그게 무슨 소리야?"

"벌써 다 치우셨나 봐! 너무 깨끗해."

"아냐. 늘 이런걸? 그리고 이 쓰레기통은 페스티벌 팀에서 설치한 거라서 만약 치운 거라면 통까지 없어야 해."

"정말 이게 끝이라고? 내가 봤던 페스티벌의 쓰레기양은 어마어마했는걸?"

"하하. 거기는 우리가 출동하지 않았잖아! 트래쉬버스터즈가 출동하면 상황이 달라지지. 축제의 쓰레기는 거의 일회용품이야. 가볍게 놀러 나온 사람들이 버릴 것이 뭐가 있겠어. 여기서 산 것뿐이지. 구매한 음식은 먹고, 그릇은 다시 수거해 가니 나올 쓰레기가 별로 없어. 내가 처음 본 축제에는 지금의 관객의 절반이었는데도 쓰레기가 산더미였어. 쓰레기봉투로 350개 정도 되었는데 우리가 들어가자마자 8개로 줄었어. 그땐 일회용도 함께 사용해서 그 정도지 올해는 아마 더 적게 나올 거야."

"뭐라고? 350개에서 8개!"

"엄청나지? 내가 기적이라고 했잖아! 진짜 지구를 구한 느낌이 들지 않냐? 찾았다!"

상웅이는 쓰레기봉투에서 컵 3개를 찾아냈어요. 게다가 상웅이 말대로 쓰레기봉투 안엔 페스티벌 지도, 비닐과 휴지 정도밖에 없었어요.

"그런데 상웅아. 이렇게 버려졌던 컵을 재사용할 수 있을까? 난 그것도 걱정돼."

가은이는 버려졌던 컵을 보자니 다시 속이 상했어요.

"걱정하지 마. 세척 살균 시스템이 완벽하게 되어 있어서 재사용할 땐 일회용기보다 더 깨끗해져 있을 거야."

"그럼 진짜 다행이다! 어서 마저 찾자!"

가은이는 커다란 마음의 짐이 사라지는 것 같았어요. 더욱 꼼꼼하게 컵을 찾아다녔어요. 하지만 다회용기는 쉽게 발견되지 않았어요. 대신 곳곳에 놓여 있던 일회용 컵들을 찾아냈죠. 가은이도 집에서 썼던 일회용 컵이었어요. 그제야 삼촌에게 일회용 컵에 주스를 따라 줬던 자신이 부끄러워졌어요.

"이쪽에는 더 없는 것 같다. 이제 레인 님 도우러 가자!"

"그래! 아마 거기가 제일 바쁠 거야!"

주변을 꼼꼼하게 살펴본 가은이와 상웅이는 레인과 쎈 삼촌에게 갔어요. 하지만 거기엔 더 놀랄 일이 있었어요. 4,000명 가까이 다녀간 축제에 쓰레기봉투가 고작 5개밖에 나오지 않았거든요.

"레인 님! 정말 쓰레기가 이게 다예요?"

"그럼요! 3만 5,000리터가 나오던 쓰레기를 98퍼센트 줄인 능력을 직접 보니 어때요?"

"쌓여 있는 쓰레기를 보는 것만으로도 죄책감이 들었는데, 너무 신기해요!"

레인은 잃어버렸던 용기도 거의 다 회수되었다면서 기뻐했어요.

"가은! 오늘 수고했어. 그렇지 않아도 확 줄어든 쓰레기를 보여 주는 것으로 끝내려 했는데 더 뜻깊게 마무리되었네!"

어느새 나타난 삼촌이 가은이의 이마에 작은 꿀밤을 놓았어요.

"헤헤. 죄송했어요!"

가은이가 이마를 문지르며 웃자 모두 따라 웃었어요. 가은이는 삼촌이 왜 공연 기획자에서 직업을 옮겼는지 알 것 같았어요.

"삼촌! 나 꿈이 바뀌었어요."

"뭘로? 혹시 삼촌 따라 일회용품 사냥꾼 하려고?"

"아니! 그건 삼촌이 이미 했으니까 나는 친환경 축제 기획자가 될래요!"

"역시 내 조카네! 응원할게. 사실 요새 너희 부모님도 친환경 카페 사장님이 되겠다는 꿈으로 가득 차 있어. 그래서 네가 오늘 여기 온 거 엄청 좋아하셨어."

알고 보니 엄마와 아빠도 이미 삼촌과 상의하여 포장 손님에게도 다회용기를 제공하고 받을 준비를 하고 있었어요. 가은이만 몰랐을 뿐이었죠. 일단은 컵 회수가 가능한 엄마 가게부터 사용해 본 후, 아빠 가게에도 트래쉬버스터즈가 출동할 수 있게 준비 중이었대요. 삼촌이 페스티벌에서 영화관과 야구장, 회사로 출동 범위를 넓혔거든요. 부모님의 계획까지 알고 나니 가은이는 밤공기가 상쾌하게 느껴졌어요.

완전히 해가 진 밤하늘엔 별이 가득했어요. 멀리 있지만, 가득 모여 빛나니 밤이 환하게 느껴질 정도였어요. 새로운 꿈이 싹튼 가은이의 마음처럼요.

플라스틱으로 플라스틱을 잡는 트래쉬버스터즈

'트래쉬버스터즈'가 뭐야?

환경을 지키는 일이 쉬웠으면 좋겠다고 생각하는 사람들이 있었어요. 심각하고 어려운 문제지만 사람들이 즐겁고 재미있게 참여할 수 있도록 도와주고 싶었죠. 그래서 그들은 과학자들이 유령을 잡는 유쾌한 코미디 영화 《고스터버스터즈》를 본떠 자신들의 이름을 지었어요. 바로 '트래쉬버스터즈'예요.

• 주황색 다회용기는 트래쉬버스터즈의 상징과 같아요.

트래쉬버스터즈는 플라스틱 일회용기가 쓰이는 곳이면 어디든지 달려가 다회용기를 제공해 쓰레기를 줄이는 일을 하고 있답니다. 누구나 기꺼이 일회용품 줄이기를 할 수 있도록 최대한 유쾌하게 다가가 재사용 문화 정착시키기 위해 노력하고 있어요. 즐겁게 참여해 습관으로 몸에 익혀 놓는 길이 제일 오래 가는 걸 잘 알기 때문이죠.

출동! 트래쉬버스터즈!

트래쉬버스터즈가 하는 일은 간단해요. 축제나 큰 행사 같이 많은 사람이 한곳에 모여 먹고 마실 때 쓰이는 일회용 컵이나 용기, 수저를 다회용으로 바꿔 제공하는 것이에요. 효과는

• 축제를 즐기 듯이 다회용기를 빌려 써요!

엄청나답니다. 행사가 끝나고 300개가 넘게 나오던 쓰레기봉투가 고작 5개밖에 나오지 않았거든요. 게다가 사람들에게 일회용 식기 대신 여러 번 쓸 수 있는 다회용 식기를 체험하게 함으로써 지구를 지키는 일은 거대하거나 어려운 일이 아니라는 경험도 줍니다. 게다가 다회용기를 빌릴 때마다 누르는 버스팅 버튼 등 게임 형식으로 즐거움도 선물하죠. 즐겁게 다회용기를 사용하고 일회용 쓰레기를 줄여 본 사람들이 만들어 갈 재사용 문화까지 생각하고 만든 시스템이에요.

다회용 용기, 지저분하지 않냐고?

트래쉬버스터즈는 음료나 음식을 제공한 플라스틱 용기를 6단계로 세척하고 살균합니다. 먼저 초음파로 세척하고 불림과 애벌 세척을 거치고 고온과 고압수로 다시 한번 깨끗하게 세척합니다. 그리고 뜨거운 바람으로 건조를 하고 UV-C(자외선)로 살균 및 소독을 해요. 마지막으로 제대로

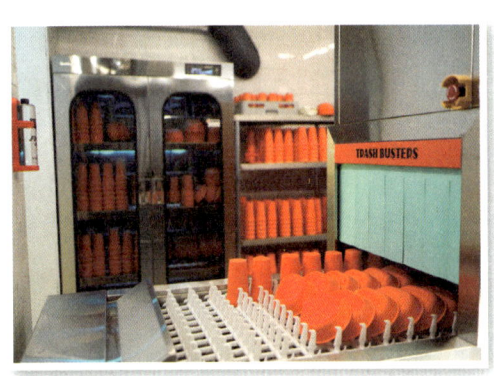

• 총 6단계에 거쳐 세척되고 살균되는 식기 일회용 식기보다도 깨끗해요.

세척과 살균이 되었나 정밀 검수를 합니다.

그렇게 6단계를 통과한 다회용기만이 진공 포장을 통해 사용자에게 도착합니다. 이렇게 직접 세척 살균한 식기는 포장 제거 직후의 일회용 컵보다 깨끗하답니다. 트래쉬버스터즈가 오염도 측정기로 직접 실험을 진행해 보았거든요. 위생도 지키고 지구도 지키는 다회용기, 안 쓸 이유가 없겠지요?

트래쉬버스터즈의 자원 순환 이야기

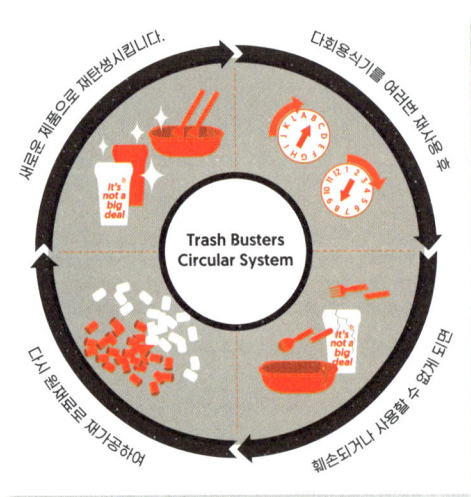

• 지속 가능한 자원 순환 체계로 자원을 오래 사용해요.

플라스틱을 플라스틱으로 잡는 트래쉬버스터즈에게 버려지는 플라스틱은 없습니다. 처음 만들어 낸 플라스틱으로 계속 돌고 돌리며 새 제품으로 만들어 내고 있어요. 여러 번 사용한 다회용 식기가 깨지거나 사용할 수 없게 되면 다시 작게 갈아서 녹여 처음과 같은 원료로 만들고 그 원료로 다시 같은 그릇을 만들죠. 전 세계 환경 연구가들이 플라스틱 쓰레기 문제의 해결책으로 내놓은 플라스틱 순환 경제를 실천하고 있는 것입니다. 이렇게 트래쉬버스터즈는 지속 가능한 자원 순환 체계를 만들어 자원을 오래 사용하고 만들어 낸 물건을 끝까지 책임을 지고 있어요.

다회용 문화 만들기

트래쉬버스터즈는 말합니다. 사람들에게 일회용품을 줄일 기회를 제공하면 지구는 지켜질 것이라고. 그래서 다회용기가 필요한 곳이면 어디든지 출동하고 있어요. 처음 출동을 시작한 뮤직 페스티벌은 물론이고, 지금은 영화관, 야구장, 장례식장과 커피를 많이 마시는 큰 회사까지 활동하는 곳을 넓히고 있어요. 또한 앞으로는 음식 배달 식기가 있는 곳에도 출동하려고 준비 중인데요. 지금은 다회용기를 효과적으로 수거하는 방법을 연구하고 있어요. 연구 중 몸이 약해 어렵고 힘든 일을 못 하는 노동 취약 계층에게 일자리를 제공하는 방법도 생각해 냈는데요. 이 방법은 환경과 사람이 함께 지속 가능한 발전할 수 있는 방향을 보여 주어 기대가 크답니다. 이렇게 트래쉬버스터즈는 플라스틱 쓰레기가 지구를 점령하기 전에 현명하게 플라스틱을 사용하는 문화가 자리 잡기를 바라며 오늘도 출동하고 있습니다.

가은이는 슬러시 파는 아주머니에게 텀블러를 내밀었어요. 가은이의 단짝 친구 재희도 텀블러를 내밀었어요.

"오늘도 왔구나? 요샌 너희 따라서 텀블러에 달라고 하는 애들이 제법 생겼더라! 어떻게 이런 생각을 다 했어? 생각할수록 기특하네."

아주머니는 다른 아이들보다 많이 넣었다며 웃어 주었어요.

가은이와 재희는 학교 수업이 끝난 후 학원에 가기 전 매일 슬러시를 사 먹었거든요. 이때 다회용기를 사용해 보면 어떨까 싶어 가은이가 시도해 봤는데, 생각보다 반응이 좋았어요. 처음에는 유별나다는 친구도 있었고, 가게 아주머니도 어색해하셨지만 며칠이 지나자 따라 하는 친구들이 생겨나기 시작했어요.

한가득 담긴 슬러시를 먹으며 학원 가는 길은 발걸음이 가벼웠어요.

"거 봐, 내 말이 맞지? 뚜껑 닫아 놓으면 학원 끝나고도 시원하다니까."

"진짜 그렇더라. 나 영어 학원 끝날 때까지 안 녹았더라고. 수업 끝나고 먹는데 너무 달콤했어! 매번 다 못 먹고 버리는 거 아까웠는데 네 말 듣길 잘한 것 같아."

"그렇다니까. 이건 지구를 위해서가 아니라 나를 위해서야!"

막상 실천해 보니 진짜 나를 위해서인 것 같았어요. 습관이 되니까 에코 백과 텀블러를 들고 다니는 일은 생각보다 귀찮지 않았고, 재미있는 놀이처럼 느껴졌거든요.

"가은이, 너 뭐야. 트래쉬버스인가 뭔가 다녀오고 좀 달라진 것 같아!"

"트래쉬버스가 아니라 트래쉬버스터즈! 일회용품을 잡는 사냥꾼이라니까!"

"그게 그거지. 아 참, 잠시만 나 엄마가 슈퍼 들렀다가 오라고 그랬어."

재희는 슈퍼로 들어가 라면과 우유를 샀어요. 가은이도 따라 들어가 옆에 있다가 재희가 계산할 때 재빨리 곰이 그려진 에코 백을 내밀었어요.

"비닐봉지는 됐어요. 여기에 담아 갈게요. 재희야, 여기에 담아 가!"

"이거 네가 제일 아끼던 달곰 작가님의 에코 백이잖아. 너 이거 받느라 용돈 다 털어서 같은 그림책을 세 개나 샀으면서."

"그러니까 제일 아끼는 친구에게 주는 거야."

가은이는 계산이 끝난 라면과 우유를 에코 백에 담아 재희에게 주었어요.

"장바구니를 챙겨 다니다니. 초등학생이 대단하네!"

주인아저씨의 칭찬까지 이어지자 일단 재희는 에코 백을 들고 슈퍼를 나왔어요.

"끈이 튼튼한 에코 백에 담아 어깨에 메면 덜 무거워. 그리고 검정 비닐봉지는 뭔가 멋이 없지 않냐?"

가은이는 너무 강제적으로 권했나 싶어 재희의 기분을 살폈어요.

"아니, 나야 너무 좋은데. 갑자기 받아서 그렇지."

"난 사실 더 예쁜 에코 백이 있거든!"

가은이는 엄마의 꽃무늬 에코 백을 꺼냈어요.

"와! 이것도 예쁘다. 근데 너 꽃무늬 싫어하잖아?"

"이 하얀 계란꽃의 꽃말이 '희망'이래. 내가 엄마의 희망이라고 나 임신하자마자 손수 만드신 거다. 나 그래서 이것만 들고 다니려고! 우리

엄마 멋지지?"

"응. 진짜 멋지다! 그럼 이 달콤 에코 백은 진짜 나 주는 거야?"

"응! 대신 약속 하나만 해 줘. 이 에코 백을 7,000번 이상 사용하겠다고 말이야."

"뭐라고? 7,000번? 너무 많다!"

"그렇지 않아. 너 지금 메고 있는 학교 가방 4학년 때 산 거지? 근데도 아직 잘 들고 다니잖아. 7,000번도 넘게 사용했을걸? 그래도 이렇게 깨끗하잖아. 이 에코 백도 학교 가방처럼 천으로 만든 거라 충분히 오래 쓸 수 있어."

"그런가? 하긴 굳이 버리지 않는 한 닳아 없어지지 않겠다. 근데 왜 7,000번이야?"

"그게 말이야, 우리 삼촌에게 들었는데 에코 백이 7,000번 이상 쓰이지 않으면 가짜 에코래. 만들 때 생기는 환경 오염이 더 심한가 봐. 그것도 모르고 난 에코 백이면 다 좋은 건 줄 알고 모았지 뭐야. 그러니까 네가 나 대신 꼭 진짜 에코로 사용해 줘!"

혹시 재희가 불편해할까 봐 가은이는 조심스레 말했어요. 환경을 위한 실천은 절대로 강요로 시작하면 안 된다고 삼촌에게 들었거든요. 그러면 오래 가지 못하고 나중에는 아예 못하는 걸로 생각해 버린다고 했어요.

"진짜? 그렇게 좋은 뜻이면 나도 함께할래! 게다가 네가 아끼던 걸 준 건데 나도 당연히 아끼고 오래 사용해야지. 고마워, 가은아!"

고맙다고 말하는 재희의 뺨에 볼우물이 깊게 패이자 가은이도 따라 웃었어요.

"임가은, 김재희! 선생님 다 들었어! 너희, 어쩜 이렇게 멋있어?"

가은이와 재희가 고개를 돌리자 담임 선생님이 서 계셨어요.

"앗! 선생님 아직 퇴근 안 하셨어요?"

"응. 이제 퇴근하려는 참이야. 가은아, 근데 너 언제부터 환경 오염에 대해서 생각한 거야? 지금 막 생각나서 한 이야기 같진 않은데?"

"선생님, 가은이 삼촌이 일회용품 잡는 사냥꾼이래요. 거기 함께 다녀오고 완전 달라졌어요. 슬러시도 텀블러에 담아서 먹고, 지금도 비닐봉지 대신 사용하라고 제게 에코 백을 선물해 줬어요!"

가은이가 대답하기도 전에 재희가 줄줄 말했어요.

"슬러시를 텀블러에? 오! 그거 획기적이다. 가은아! 그러지 말고 너 내일 사회 시간에 애들 앞에서 네가 경험한 일에 대해 이야기해 줘. 그렇지 않아도 내일 플라스틱으로 뒤덮인 바다 이야기를 할 거야."

"정말요? 선생님! 저도 플라스틱 줄이기에 관심 많은데."

"잘됐다. 친구들에게는 또래인 네 이야기가 더 와닿을 거야. 그럼 내일 잘 부탁해!"

선생님은 가은이와 재희의 어깨를 두드리고 가셨어요.

"오! 임가은. 되게 멋지다. 수업도 해!"

"놀리지 마. 나 떨려. 되게 잘하고 싶어졌거든!"

"잘할 거야. 지구를 지키는 사냥꾼이 떨면 어떡해!"

긴장한 가은이를 보고 재희가 팔짱을 끼며 용기를 주었어요. 가은이도 재희의 마음을 안다는 듯 고개를 끄덕였어요.

드디어 수업 시간이 되었어요. 먼저 선생님이 여러 가지 사진을 보여 주었어요.

"이 사진 보여요? 태평양 한가운데 지도에는 없는 섬이 생겼어요. 바로 쓰레기섬이죠. 우리가 사용하고 버린 일회용품들이 이렇게 바다로 모여들고 있어요. 오늘부터라도 우린 일회용품을 덜 쓰고 쓰레기를 덜 만들어야 해요."

선생님은 여러 사진을 보여 주며 쓰레기에 대한 심각성을 이야기하셨어요. 하지만 아이들의 표정은 선생님만큼 심각하지 않았어요. 그런 아이들의 반응에 선생님은 예상했다는 듯 가은이에게 눈짓을 보냈어요.

"자! 선생님 이야기가 지루하죠? 그래서 특별 강사님을 초대했어요."

"우아. 특별 강사님이요?"

친구들의 눈이 빛났어요. 가끔씩 오시는 외부 강사님들의 특별 활동 시간은 항상 재미있었거든요.

"자, 강사님 나오세요!"

"네? 어디 계시는데요?"

영문을 모르는 친구들이 고개를 두리번거리자 선생님은 웃으며 가은이를 가리켰어요.

"아이, 뭐야! 가은이가 무슨 강사님이에요."

"아니야. 애들아! 가은이가 특별한 체험을 하고 왔대. 무슨 사냥꾼이라던데?"

재희가 가은이 편을 들었어요.

"사냥이라고?"

사냥이란 말에 친구들이 관심을 보이기 시작했어요. 그런 반응이 조금은 부담스러웠지만 가은이는 주어진 이 기회를 잘 사용하기로 마음먹었어요. 꼭 같이 해 보고 싶었던 것이 있었거든요. 가은이는 선생님께 사진과 동영상이 담긴 USB를 내밀었어요. 선생님은 바로 연결해서 큰 화면에 동영상을 띄워 주셨어요.

동영상에는 아이들이 좋아할만 한 가수들의 공연 영상이 짧게 담겨 있었어요. 아이들은 자기가 좋아하는 가수가 나올 때마다 소리를 지르며 좋아했어요. 주의를 끌기에 성공한 것 같아서 가은이는 바로 이야기로 넘어갔어요.

"가수들이 다 모여서 공연을 하는 축제가 있어. 게다가 잔디밭에 앉아서 맛있는 음식을 먹으면서 관람할 수가 있어. 바로 뮤직 페스티벌이지. 작년에 가 보고 얼마나 좋았는지 몰라."

"와! 그런 곳이 있어? 가은이 좋았겠다."

"응. 그런데 불편하기도 했어. 여기 사진을 봐 줘."

가은이는 가득 차서 넘친 쓰레기통과 쓰레기봉투가 산처럼 가득 쌓인 모습이 찍힌 사진을 띄웠어요. 많은 아이가 인상을 찡그렸고, 비위가 약한 아이는 '우웩' 하고 소리 내며 입을 가렸어요.

"모든 사람이 즐거웠던 축제가 끝나고 난 후의 사진이야. 즐거움의 대가가 너무 크더라. 그래서 페스티벌을 좋아했던 마음까지 죄책감이 들었어. 심지어 관객들까지 미워지더라고."

"맞아. 나 같아도 그랬겠다. 나쁜 사람들이네."

가은이는 이때다 싶어서 공연을 즐기는 사람들 사진을 보여 줬어요. 사진마다 밝은 웃음이 가득했고, 아이들과 함께 음악을 즐기는 행복한 가족들이 찍혀 있었어요.

"하지만 관객들은 음악을 사랑하는 좋은 사람들이었고, 분명 페스티벌은 기쁨과 행복으로 가득 차 있었어. 그들은 파는 것을 샀고, 버리라는 곳에 버렸어."

아이들이 일순간 조용해졌어요. 누가 봐도 사진 속의 사람들은 평범했고, 즐거운 표정이어서 쉽게 나쁘다고 말할 수가 없었어요.

"여기에 악당은 없었어. 그저 일회용 쓰레기만 있었을 뿐."

아이들은 고개를 끄덕이며 가은이의 말에 집중했어요. 하지만 저절로 무거워진 분위기는 어쩔 수 없었어요.

"근데 사냥꾼은 언제 나와? 사냥했다면서."

무거운 분위기를 못 참겠다는 듯 승헌이가 말했어요. 평소에도 반에서 익살을 맡고 있었거든요.

"바로 지금! 사냥감이 정해졌거든. 바로 일회용품이야."

"응? 뭐라고? 에이, 뭐야. 지금까지 장난친 기야?"

승헌이가 손을 내저었어요.

"아니. 진짜 일회용품 사냥꾼이 출동했었어. 바로 트래쉬버스터즈!"

가은이는 화면에 트래쉬버스터즈 멤버 사진을 띄웠어요. 그리고 음악은 삼촌이 좋아한다던 영화《고스트버스터즈》주제곡을 틀었어요.

"아! 나 이 노래 들어 본 적 있어. 그리고 얼마 전에 영화관에서 저 영화 봤는데!"

"맞아.《고스트버스터즈》라는 영화였을 거야. 그들은 유령을 잡고, 트래쉬버스터즈는 일회용품을 잡아!"

"그거 사냥이 아니라 다 쓴 일회용품을 주우러 다니는 거 아냐?"

아이들의 말에 가은이는 쓰레기 봉지 앞에서 찍은 트래쉬버스터즈 사진을 화면에 띄웠어요. 그 속엔 물론 가은이도 있었어요.

"아니. 우린 진짜 일회용품을 잡았어. 이 사진을 봐봐! 우리가 출동한 축제는 쓰레기봉투가 5개밖에 안 나왔어. 무려 98퍼센트나 줄인 거야.

이래도 일회용품 사냥꾼이 아니야?"

"우아! 얘들아, 저기 봐! 사진 속에 가은이도 있어!"

"그게 가능해?"

가짜 사냥꾼이라 놀리던 승헌이가 놀라 눈을 왕방울만 하게 뜨고 질문을 했어요.

"바로 해답은 다회용기에 있어. 일회용품 대신 쓸 수 있는 다회용기를 대여해 주고 반납 받았어."

가은이는 미리 준비해 둔 트래쉬버스터즈의 컵과 접시를 꺼내 보여 주었어요. 지난밤 삼촌에게 미리 말해 받아 두었거든요.

"컵 되게 예쁘다."

"맞아. 사람들은 예쁜 다회용기를 제공하자 일회용을 쓰지 않았어. 다들 방법을 몰라서 그렇지 환경을 위해서 조금의 불편함을 감수할 준비가 되어 있었던 거야."

친구들은 맞는 말이라며 박수쳤어요. 자기도 저렇게 예쁜 컵을 쓰면서 환경을 지킬 수 있다면 기꺼이 했을 거라면서요.

"그래서!"

가은이는 침을 삼켰어요. 지금부터 진짜 하고 싶은 말이 있었거든요.

"우리도 우리만의 트래쉬버스터즈를 만들어 보면 어떨까?"

"응? 뭐라고?"

"게임처럼 즐기면서 신나게 교실과 학교, 그리고 지구를 지키는 '스쿨버스터즈'로 만들자는 거지!"

가은이의 말에 승헌이가 번쩍 손을 들었어요.

"나 할래! 사냥은 게임에서밖에 못 해 봤는데 재미있을 것 같아."

"나는 나를 위해서 할래. 가은이 따라서 몇 번 다회용품을 사용했는데 좋았어. 슬러시 먹을 때 텀블러를 사용하니까 시원함이 더 오래 갔고, 슈퍼 심부름 때 봉지 대신 에코 백을 사용했더니 어깨에 멜 수 있어 편했어."

"정말 좋은 생각이다. 나도 따라 해야지."

재희가 그동안 사용했던 후기까지 말하자 아이들의 반응은 더 뜨거웠어요.

"트래쉬버스터즈는 '버스팅'이라는 걸 해. 버스팅은 일회용품 사용을 줄이고 쓰레기를 만들지 않기 위한 모든 행동을 말하고, 넓은 의미로는 지구와 우리 자신을 위한 모든 친환경적 행동까지 포함하지. 일회용기 대신 다회용기를 쓸 때마다 버스팅 버튼을 눌러 숫자로 표시하는데, 처음 출동한 이후 벌써 600만 개를 돌파했대. 우리도 그걸 해 보면 어떨까 싶어!"

"오! 더 뭔가 있어 보여. 우리도 버스팅 하자!"

"트래쉬버스터즈에게 버스팅은 일회용품 줄이는 것이었지만 우리에게 버스팅은 '사는' 방법을 바꾸는 거라고 했어. 덜 사고(buy), 있는 걸 오래 쓰며 잘 사는(live) 것이 중요하대. 방법을 바꿔 문화로 자리 잡으면 진짜 지구를 구할 수 있을 거라고! 그러니까 우리가 할 수 있는 걸 생각해 보자."

친구들은 당장 할 수 있는 것을 생각해 내기 시작했어요. 가은이는 선생님께 자리를 내어 드렸지요. 선생님은 아이들의 의견을 칠판에 받아 적기 시작했어요.

음료를 텀블러에 마시기, 에코 백 사용하기, 이면지 사용하기, 빨대 쓰지 않기, 지퍼 백 세척해 다시 사용하기, 과대 포장된 제품 사지 않기, 컵라면 대신 봉지 라면 먹기, 장난감 버리지 말고 물려주기, 학용품 잃어버리지 않고 끝까지 쓰기, 플라스틱 칫솔에서 대나무 칫솔로 바꾸기 등등 생각보다 많은 아이디어가 나왔어요. 특히 컵떡볶이도 텀블러에 담아 먹자는 이야기가 나왔을 때는 다들 온종일 먹는 거 아니냐며 까르르 웃기도 했어요. 가은이는 환경 보호를 이야기하면서 즐거울 수 있다는 것이 신기했어요.

"좋은 생각들이 많이 나왔네. 이거 말고 더 있을까?"

"트래쉬버스터즈 캡틴에게 물어봤는데 우리가 교실에서 쉽게 할 수 있는 것이 또 있대요!"

기다렸다는 듯 가은이가 손을 들었어요.

"제일 쉬운 건, 급식 때 잔반을 남기지 않는 거래요. 음식물 쓰레기를 만들지 않는 것도 정말 큰 환경 보호거든요. 그 외에도 에어컨의 온도를 높여 탄소 발생을 낮추는 것, 이면지를 쓰는 것, 손을 씻고 남은 물기를 종이 타올이 아닌 손수건에 닦는 것 등등 작지만 우리가 할 수 있는 일들이 많대요."

"그 정도는 진짜 우리가 쉽게 할 수 있는 것들인데? 음식을 맛있게 다 먹으면 지킬 수 있는 지구라니, 너무 좋아! 난 손도 잘 안 닦고, 공부도 잘 안 하니까 종이는 이미 너무 아끼고 있고!"

"그건 지구도 너도 더러워지는 일 아니냐?"

생각보다 간단한 일에 마음이 가벼워진 아이들이 서로 장난치며 와르르 웃었어요.

"그리고 더 좋은 버스팅은 한 번 사면 오래 쓰고, 다 못 쓰는 건 물려주고 받는 거래요. 그래서 제가 제안하는 건 사물함 앞에 7반 중고 사냥터를 만드는 건 어떨까요? 내게는 필요 없는 것을 모아 놓고 필요한 사람이 가져갈 수 있게요."

가은이는 친구들과 함께하고 싶었던 일을 이야기했어요. 그러자 재희가 또 동의해 줬어요.

"그거 진짜 좋은 생각이다. 그럼 옷도 하자! 이제는 작아서 입지 못하는 옷인데 너무 아끼는 옷이어서 의류 수거함에 쓰레기처럼 넣기 싫었거든. 사실 살짝 작아서 나보다 키가 작은 우리 반 친구들이나 너희 동생들은 입을 수도 있을 것 같아! 난 외동이라 줄 곳이 없어. 우리 키가 다 다르잖아. 충분히 물려 입을 수 있을 것 같아."

"와! 나도 같은 생각 했는데. 우리 반에 발 사이즈가 200부터 240까지 다 있잖아. 아직 깨끗한데 계절만 지나면 작아서 신을 수 없는 실내화랑 운동화가 아까웠어. 신던 거라 아무리 깨끗하게 빨아도 싫어할까 봐 누굴 딱 주기엔 좀 망설여지더라고. 근데 중고 사냥터가 있으면 맘에 드는 사람이 가져가면 되잖아!"

"그러자. 대신 깨끗하게 관리된 것과 새것이지만 안 쓰던 물건만 가져다 놓자!"

"이건 내놓은 사람도 가져가서 쓴 사람도 서로 좋은 일을 한 거 아닌가? 아니다 부모님까지 가계에 도움이 되어 좋은 거니까 이건 버스팅 스코어 3개짜리다!"

가은이의 기대를 넘어서 7반 아이들은 순식간에 중고 사냥 품목까지 정했어요.

"우리 7반, 추진력 대단한데? 그럼 우리도 버스팅 숫자를 기록하기로 해요. 일단 오늘부터 잔반 남기지 않았을 때랑 에어컨을 끄거나 온도를 높일 때 버스팅 숫자를 올리지 뭐."

선생님의 의견에 반장이 나섰어요.

"선생님! 정말 좋은 생각이세요. 그럼 이따가 점심 먹고 모두 모여서 버스팅 판 만들어요. 그것도 다 쓴 연습장 모아서 이면지로!"

"역시 반장! 그럼 부반장인 나는 하나 더 제시할래. 내가 뉴스에서 봤는데 플라스틱 병뚜껑은 재활용이 될 수 있음에도 불구하고 작아서 선별되지 않아 쓰레기가 된대. 그러니 우리 플라스틱 병뚜껑만 모으자. 물론 병뚜껑도 버스팅 숫자에 포함시키고! 모아서 재활용 센터로 보내자. 그러면 다른 제품으로 만들어져 판매된대. 수익금은 필요한 곳에 기부한다더라고."

부반장 말에 다들 큰 박수를 보냈어요. 제일 좋은 생각이라면서요.

"친구들! 지금 서로의 얼굴을 보세요. 선생님은 올해 들어 지금이 가장 기뻐요. 이렇게 우리 반이 하나의 목표를 위해서 신나 본 적이 있었나 싶네요. 진짜 버스팅은 지구를 위해서가 아니라 우리를 위해서 하는 것 같네요. 게다가 우리 반이 시작하면 다른 반에서도 재미있다고 따라 할지도 모르겠어요. 이러다가 7반이 재사용 문화의 선구자가 될 것 같아요."

선생님의 말에 친구들은 서로를 바라보았어요. 다들 신이 나서 눈이 반짝거렸어요.

딩동딩동~

점심시간 종이 울렸어요. 누가 먼저라 할 것도 없이 아이들은 서로를

바라보았어요. 첫 출동 시간이었던 거죠. 다들 오늘은 잔반을 남기지 않겠다는 다짐을 했어요.

순간 가은이는 삼촌, 레인, 쎈 그리고 상웅이의 얼굴이 스쳐 지나갔어요. 그래서 큰 소리로 외쳤어요.

"7반 스쿨버스터즈! 출동!"

예상 못 한 구호에 다들 잠시 와르르 웃었지만 곧 다들 따라 외쳤어요.

"7반 스쿨버스터즈! 지구 구하러 출동!"

우리가 플라스틱 영웅

다시, 착한 플라스틱

• 에코 백도, 텀블러도, 오래 아껴 써야 의미가 있어요.

플라스틱은 이제 우리에게 없어서는 안 될 자원이에요. 그러므로 현명하게 사용해야 해요. 한번 만들어지면 500년 동안 사라지지 않는 물건이라는 것을 항상 기억해야 합니다. 비닐봉지에 물건을 담을 때도, 시원한 슬러시를 일회용 컵에 담아 먹을 때도, 플라스틱으로 된 칫솔로 이를 닦을 때도 말이죠. 이뿐만 아니라 리코더, 색연필과 사인펜 등 학용품도 거의 다 플라스틱으로 되어 있음을 기억하고 아껴 쓰고 끝까지 써야 해요. 잃어버린 색연필이 태평양으로 떠내려갔다가 미세 플라스틱이 되어 우리의 저녁 식탁에 오를 수도 있으니까요. 나의 물건에 꼭꼭 이름을 쓰고 귀하게 사용하는 습관은 지구를 구하는 습관임을 떠올리고 오늘부터 위대한 영웅이 되어 봅시다.

우리가 할 수 있는 쓰레기 줄이기

우리가 할 수 있는 일은 생각보다 많아요. 가은이와 친구들처럼 페트병에 들어 있는 생수 대신 텀블러에 물 담아 다니기, 비닐봉지 대신 에코 백 사용하기. 물론 진짜 에코가 되기 위해 에코 백 한 개를 오랫동안 여러 번 사용해야 하는 것, 이제는 다 알고 있겠죠? 또 학용품 오래 아껴 쓰기, 내가 사용하지 않는 물건 나눔하기 혹은 이익금을 소외 이웃을 돕는 데 쓰는 '아름다운 가게'에 기부하기, 물려받을 수 있는 건 받아서 쓰기, 새 제품보다는 쓰던 것을 고쳐서 쓰기 등 한 번 만들어진 자원을 끝까지 책임지고 쓰는 자세를 가진다면 쓰레기는 반드시 줄어들 거예요.

• '아름다운 가게'는 물건 재사용을 통해 우리 사회 친환경적 변화에 기여해요.

제로 웨이스트 실천하기

쓰레기를 줄이려는 움직임은 전 세계적으로 퍼지고 있어요. 쉬운 예로 '제로 웨이스트' 캠페인이 있는데요. 제로 웨이스트는 말 그대로 쓰레기 배출을 '0(제로)'에 가깝게 만들려 노력하는 움직임을 말해요. 개인이 실제로 쓰레기를 줄인 사례를 온라인 상에 알리며 챌린지를 하기도 합니다. 음식물 쓰레기가 나오지 않도록 덜어 먹기, 덜어 낸 음식은 끝까지 먹기, 종이 타올 대신 손수건 사용하기, 물건을 살 때 과대 포장되어 있는 것이 아닌 것으로 골라 사기, 대나무 칫솔처럼 버릴 때 자연 분해가 빠른 친환경으로 골라서 사기 등이 있어요. 그리고 부모님과

• 제로 웨이스트 가게에서는 포장재 없이 내용물만을 판매해요.

함께 제로 웨이스트 가게를 이용하는 것도 좋아요. 제로 웨이스트 가게는 매장 내 전제품을 포장재 없이 파는 곳이에요. 그래서 다 쓴 세제 통에 내용물만 사서 채워 오고, 곡물이나 화장품도 내용물만 사서 담아올 수가 있어요. 2016년 '더 피커'를 시작으로 지금은 전국적으로 많은 제로 웨이스트 가게가 생겼어요. 포장과 플라스틱을 줄인 제품과 자연 분해가 되는 친환경 제품을 판매하고 있어요. 또 다른 제로 웨이스트 가게인 '알맹상점'의 고금숙 대표는 환경 운동에 북극곰을 떠올리기보다는 일상을 좀 더 친환경적으로 생각할 필요가 있다고 말했어요. '알맹상점'은 친환경적인 생각을 행동으로 옮길 수 있도록 돕는 곳이라며 자긍심을 나타내기도 했습니다.

버스팅 시작!

'버스팅'은 일회용품의 사용을 줄이고 쓰레기를 만들지 않기 위한 모든 행동을 말하고, 넓은 의미로는 지구와 우리 자신을 위한 모든 친환경적인 행동을 말해요. 즉 트래쉬버스터즈가 출동하면 지구를 지키는 버스팅이

시작되죠.

지구를 살리는 다회용품 이야기를 다 읽은 우리 친구들도 버스팅을 함께 해 봐요. 오늘, 내가 할 수 있는 작은 일부터 실천해 완성한 여러분도 '트래쉬버스터즈'입니다.

〈버스팅 예시〉

1. 생수병 대신 텀블러 사용하기

2. 다회용기에 음식 포장하기

3. 빨대 거절하기

4. 에어컨 온도 2도 올리기 혹은 집 안 온도 2도 낮추기

5. 비닐봉지 거절하기

6. 종이 타월 대신 손수건 사용하기

7. 하루 1시간 전등 끄기

8. 음식 남기지 않기

9. 이면지 사용하기

10. 안 쓰는 학용품 나눔 하기

사진 제공

52쪽 ⓒ연합뉴스
56쪽 ⓒryansrecycling.com
57쪽 ⓒ김하늘
58쪽 ⓒ서울환경연합
90쪽 ⓒ트래쉬버스터즈
91쪽 ⓒ트래쉬버스터즈
92쪽 ⓒ트래쉬버스터즈
119쪽 ⓒ알맹상점

지구를 살리는 착한 플라스틱

1판 1쇄 인쇄 2024년 6월 5일
개정판 1쇄 발행 2024년 6월 14일

글 김영주
그림 서정선
발행인 손기주

편집팀장 권유선
편집 이보리 **디자인** 썬더키즈 디자인팀
인쇄 길훈 씨앤피 **세무** 세무법인 세강

펴낸곳 썬더버드
등록 2014년 9월 26일 제 2014-000010호
주소 경기도 의왕시 정우길47. 2층
ISBN 979-11-93947-09-8 (73530)
전화 02 6368 2807 **팩스** 02 6442 2807

값은 뒤표지에 있습니다. 잘못된 책은 구입하신 곳에서 바꾸어 드립니다.
썬더키즈는 썬더버드의 아동서 출판브랜드입니다.

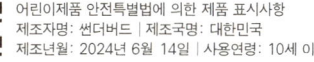